教科書 要点

ズバっ

ニューホライズン 英単語・英熟語

3年

東京書籍

はじめに

この本は，東京書籍版教科書『NEW HORIZON English Course 3』に出てくる単語・熟語を，しっかり身につけるために作られているよ。

教科書本文や「New Words」「小学校の単語」などが，ほぼ教科書に出てきたとおりの順番にならべてあるので，順を追って確認できる。特に重要な語は太字になっているよ。付属の暗記フィルターを使って，効率よく学習しよう！

きみにあった使い方を見つけて，『NEW HORIZON English Course 3』のすべての単語・熟語を「ズバっ」と自分のものにしてしまおう。

本書の基本構成

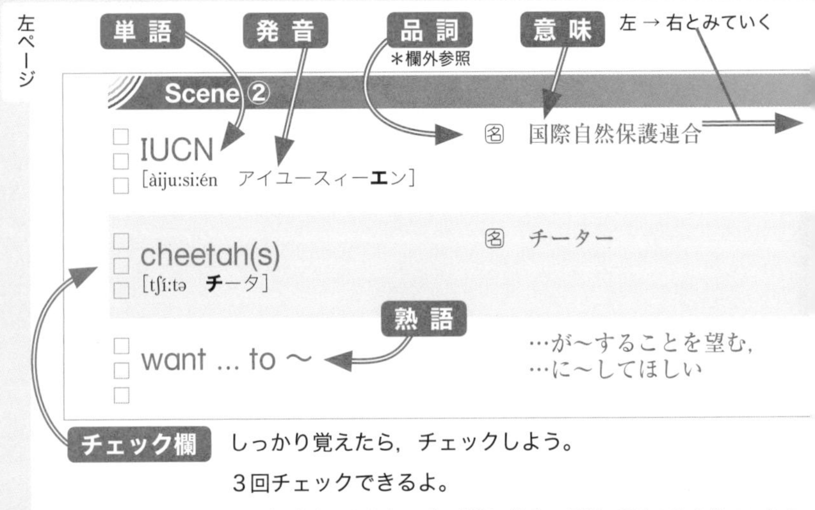

＊例文のないものはページの左右にかかわらず，単語・発音・品詞・意味のみのせています。

【動作環境】

・インターネットに接続されていること。
　＊インターネット接続に伴う通信費は利用者のご負担となります。

・Android 5.1以降 ＋ Google Chrome ／ iOS9 以降 ＋ Safari ／ iPadOS ＋ Safari
　＊「QRコード」は(株)デンソーウェーブの登録商標です。
　＊「Android」は，Google LLC の商標です。
　＊「iOS」「iPadOS」は，Apple Inc. の商標です。

★暗記フィルターの使い方

赤色で印刷された部分に，付属の暗記フィルターをのせると，文字が見えなくなるよ。覚えたい部分をかくして，どんどん暗記していこう！

★コラムでちょっとひと息

「豆マメ知識」「会話のヒント」「歴史と文化」「こ・と・わ・ざ」に関連した，ちょっと知っていると得する，おもしろコラムでひと息入れて，気分をリフレッシュしよう。

例文の日本語訳　　**教科書ページ**　　右ページ

教科書p.38

▷ Have you ever heard of the **IUCN** Red List?
国際自然保護連合のレッドリストについて聞いたことがありますか。

▶ **IUCN** has been trying to preserve endangered animals and plants.
IUCNは絶滅の危機にある動植物を保護しようとしてきています。

□□□ gorilla [gərílə　ゴ**リ**ら]　　名　ゴリラ

▷ I **want** everyone **to** know that.
私はそれをみんなに知ってもらいたいです。

▶ I **want** all the soccer players **to** do their best in the next game.
私はサッカー選手全員に次の試合でベストを尽くしてもらいたいです。

例文　原則として，１つの単語や熟語に２つの例文をのせているよ。

▷　教科書に出てきた文，教科書に出てきた文とほぼ同じ文

▶　その単語・熟語を使った例文

★QRコードを使った音声学習について

【使い方】

・スマートフォンなどで右のＱＲコードを読み取ります。

・教科書で取り上げている各単元の「New Words」「小学校の単語」の音声を聞くことができます。

・音声の順番は本書の順番と異なる場合があります。

もくじ

＊教科書に合わせた単元番号を入れていますが，一部，取り扱いのない項目もあります。

Stage 1

Stage 2

コラム

こ・と・わ・ざ

歴史と文化

Stage 3

豆マメ知識

会話のヒント

Unit 0 Three Interesting Facts about Languages

Scene

fact(s) 　㊔ 事実，現実
[fǽkt　**ふぁ**クト]

said 　㊕ [sayの過去分詞]
[séd　**セ**ッド]

It is said that .... 　…であるといわれている。

spoken 　㊕ [speakの過去分詞]
[spóukən　ス**ポ**ウクン]

one hundred thousand 　100,000，十万

Chinese 　㊔ 中国語
[tʃàiníːz　チャイ**ニ**ーズ]

third 　㊖ 第３に，３番めに
[θə́ːrd　**さ**～ド]

researcher(s) 　㊔ 研究者
[risə́ːrtʃər　リ**サ**ーチャ]

believe 　㊕ …だと思う，信じる
[bilíːv　ビ**り**ーヴ]

教科書p.4 ~ p.5

▶ I learned one interesting **fact** about languages.
私は言語についての興味深い事実を一つ知りました。

▶ We have to face the sad **fact**.
私たちはその悲しい事実と向き合わなければなりません。

▶ **It is said that** she was the most beautiful woman in the village.
彼女は村で最も美しい女性だったといわれています。

▶ **It is said that** many people in foreign countries like green tea.
外国の多くの人たちは緑茶が好きだといわれています。

▷ It is said that about 7,000 languages are **spoken** in the world.
世界では約7,000の言語が話されているといわれています。

▶ English is **spoken** all over the world.
英語は世界中で話されています。

▶ More than **one hundred thousand** young people joined the event.
10万人をこえる若者がそのイベントに参加しました。

▶ More than **one hundred thousand** people visit the temple every month.
毎月10万人をこえる人がその寺を訪れています。

▶ I can speak a little **Chinese**.
私は少し中国語が話せます。

▶ Does anyone know where that **Chinese** language school is?
その中国語学校がどこにあるかだれか知っていますか。

▷ English is used by the **third** greatest number.
英語は３番めに多くの人々に使われています。

▶ Japan is the **third** richest country in the world.
日本は世界で３番めに豊かな国です。

▶ The **researcher** was interested in this question.
その研究者はこの問いに興味をもちました。

▶ My father is a famous **researcher** of dinosaurs.
私の父は有名な恐竜研究者です。

▶ He **believes** all animals have feelings.
彼は全ての動物には感情があると信じています。

▶ I can't **believe** that they're brothers.
彼らが兄弟だなんて，信じられません。

□□□	**increase** [inkríːs　インク**リ**ース]	動　…を増やす，増大させる
□□□	**power** [páuər　**パ**ウア]	名　力，能力
□□□	**brain** [bréin　ブ**レ**イン]	名　頭脳
□□□	**wide(r)** [wáid　**ワ**イド]	形　幅の広い，（範囲などが）広い
□□□	variety [vəráiəti　ヴァ**ラ**イエティ]	名　→a (...) variety of ～
□□□	a (...) variety of ～	さまざまな～，いろいろな～，…な種類の ～

こ・と・わ・ざ　ときには「言わぬが花」

silent（沈黙した）の名詞はどう言うか知ってる？　silence[**サ**イレンス]（沈黙）だ。で，このsilenceを使ったことわざを紹介しよう。

Silence is golden.（沈黙は金）

goldenは「金の」「金色の」という意味だ。「沈黙は金」というのは，「沈黙しているのがいちばんいいことだ」という意味だ。つまり「言わぬが花」ってこと。欧米の社会では，自分の意見や考えをはっきり伝えることを大事にしているけれど，余計なことを言わない方がよいときもある。そんなとき，「言わぬが花」という気持ちになるんだね。同じような言い方に better leave it unsaid[アン**セ**ッド]というのがあ

▶ I **increase** my knowledge by reading.
私は読書で知識を増やします。

▶ We must **increase** the number of volunteers.
私たちはボランティアの数を増やさなければなりません。

▶ Music has the **power** to change the world.
音楽には世界を変える力があります。

▶ I believe you have the **power** to do this.
あなたにはこれをする力があると信じています。

▷ Knowledge of another language can increase our **brain** power.
別の言語の知識は私たちの頭脳の力を向上させることがあり得ます。

▶ Many researchers are trying to know more about **brain** activity.
多くの研究者が脳の活動についてもっと多くを知ろうとしています。

▶ The bus door was **wide**.
そのバスのドアは幅が広かったです。

▶ My father has a **wide** experience as a teacher.
父は教師として幅広い経験を積んでいます。

▶ There is **a variety of** animals in this area.
この地域にはさまざまな動物がいます。

▶ You can enjoy seeing **a** wider **variety of** beautiful flowers in this park.
この公園では多種多様の美しい花を見るのを楽しめます。

る。文字通り「言わないでおいたほうがいい」だ。はっきり言うと差しさわりがあるから，言わないでおくほうがよいということ。

Silence is golden.のことわざには，次のようなバージョンもあるよ。

Speech is silver, silence is golden.(雄弁は銀，沈黙は金)

silver[**スィ**るヴァ]は「銀」「銀色の」という意味だ。speechは「スピーチ」「演説」のほか，「話すこと」「発言」などの意味も表すよ。それで，このことわざは「話が上手なのはすばらしいけれど，黙っていることにはもっと価値がある」ということを表している。つまり，「言わぬは言うにまさる」ってこと。

Unit 1 Sports for Everyone

扉

□□□ **title**　㊔ 題名，表題
[táitl　**タ**イトゥる]

Scene ①

□□□ **Paralympic**　㊒ パラリンピック競技の
[pæ̀rəlímpik　パぁラ**り**ンピック]

□□□ **apply, applies**　㊍ 当てはまる
[əplái　アプ**ら**イ]

□□□ **have**　㊖ [現在完了形を作る]
[hǽv　**ハあ**ヴ；(弱く言うとき)həv　ハヴ，əv　アヴ，v　ヴ]

□□□ **somewhere**　㊓ どこかに[へ，で]
[sʌ́m*h*wèə*r*　**サ**ム(ホ)ウェア]

□□□ **list**　㊔ 表，リスト
[líst　**り**スト]

□□□ **below**　㊓ 下に，下記に[の]
[bilóu　ビ**ろ**ウ]

□□□ **above**　㊓ 上に，上記に[の]
[əbʌ́v　ア**バ**ヴ]

教科書p.7

▶ What is the **title** of this song?
この歌のタイトルは何ですか。

▶ What does the **title** of this article mean?
この記事のタイトルはどういう意味ですか。

教科書p.9

▷ What **Paralympic** sports is Josh interested in?
ジョシュが興味をもっているパラリンピックスポーツは何ですか。

▶ I'm very interested in **Paralympic** sports.
私はパラリンピックスポーツに非常に興味があります。

▷ Which **applies** to you?
どれがあなたに当てはまりますか。

▶ This rule **applies** to many people from foreign countries.
この規則は多くの外国人に当てはまります。

▷ I **have** seen a Paralympic sport somewhere before.
私はかつてどこかでパラリンピックスポーツを見たことがあります。

▶ I **have** visited the museum many times.
私はその博物館を何度も訪れたことがあります。

▶ I have met him **somewhere** before.
以前どこかで彼に会ったことがあります。

▶ I lost my pen **somewhere** on my way to school.
学校へ行く途中のどこかでペンをなくしました。

▶ My mother always writes a shopping **list**.
母はいつも買い物リストを書きます。

▶ Meg is not on the **list** of the guests.
メグは客のリストにのっていません。

▷ Choose from the list **below**.
下のリストから選びなさい。

▶ Look at the graph **below**.
下のグラフを見なさい。

▶ You will see that he is right from the example **above**.
上記の例から彼が正しいことがわかるでしょう。

▶ Please answer the questions **above**.
上記の質問に答えてください。

□□□ sitting volleyball
[sítiŋ válibɔ:l **スィ**ティング **ヴァ**りボーる]
㊔ シッティングバレーボール

□□□ **volleyball**
[válibɔ̀:l **ヴァ**りボーる]
㊔ バレーボール

□□□ triathlon
[traiǽθlɑn トゥライ**あ**すろン]
㊔ トライアスロン

Scene ②

□□□ **ever**
[évər **エ**ヴァ]
副 [疑問文で]今まで，かつて

□□□ **heard**
[hə́:rd **ハ**〜ド]
動 [hearの過去分詞]

□□□ the Paralympic Games
[ðə pærəlímpik géimz ざ パぁラ**り**ンピック **ゲ**イムズ]
㊔ パラリンピック(身体・知的障がい者の国際スポーツ大会)

□□□ **been**
[bín **ビ**ン]
動助 [beの過去分詞]
→have been to

□□□ have been to
…に行ったことがある

□□□ haven't
[hǽvnt **ハぁ**ヴント]
= have not

▶ **Sitting volleyball** became a Paralympic sport in 1980.
シッティングバレーボールは1980年にパラリンピックスポーツになりました。

▶ **Sitting volleyball** is a very popular Paralympic team sport.
シッティングバレーボールは非常に人気のあるパラリンピックの団体スポーツです。

□□□ athletics
[æθlétiks　あす**れ**ティックス]

名　陸上競技

▶ Why don't you try a **triathlon**?
トライアスロンをやってみませんか。

▶ She won the girls' **triathlon** at eighteen years old.
彼女は18歳で女子トライアスロンに優勝しました。

教科書p.10

▶ Have you **ever** climbed Mt. Fuji?
これまでに富士山にのぼったことがありますか。

▶ Have you **ever** seen an elephant?
今までにゾウを見たことがありますか。

▶ **The** first **Paralympic Games** were held in 1960.
第1回パラリンピックは1960年に開催されました。

▶ **The Paralympic Games** are very popular in many countries.
パラリンピックは多くの国でとても人気があります。

▶ **Have** you ever **been to** Hokkaido?
あなたは今までに北海道に行ったことがありますか。

▶ I **have been to** Australia.
私はオーストラリアに行ったことがあります。

▶ Have you ever played the guitar? − No, I **haven't**.
あなたはこれまでにギターをひいたことがありますか。一いいえ，ありません。

▶ Have you ever been to Sapporo? − No, I **haven't**.
あなたは今までに札幌を訪れたことがありますか。一いいえ，ありません。

I've [áiv **ア**イヴ]
= I have

match(es) [mǽtʃ **マあ**ッチ]
名 試合，競技

on TV [the internet]
テレビで[インターネットで]

athlete [ǽθliːt **あ**すりート]
名 運動選手，アスリート

check ... out
…を調査する

internet [íntərnèt **イ**ンタネット]
名 インターネット

Read and Think ①

won [wʌ́n **ワ**ン]
動 [winの過去分詞]

championship(s) [tʃǽmpiənʃip **チあ**ンピオンシップ]
名 選手権，優勝

amaze(d) [əméiz ア**メ**イズ]
動 …をびっくりさせる

▷ **I've** never heard of him.
彼のことは一度も聞いたことがありません。

▶ **I've** never seen a musical.
ミュージカルを一度も見たことがありません。

▶ Yumi won a tennis **match**.
ユミはテニスの試合で勝ちました。

▶ I'm going to play a **match** against a Chinese player tomorrow.
明日私は中国の選手と試合をします。

▶ We watched a music show **on TV**.
私たちはテレビで音楽ショーを見ました。

▶ We can buy many goods **on the internet**.
インターネットで多くの品物が買えます。

▶ A lot of **athletes** use the gym.
多くのアスリートがその体育館を利用します。

▶ Many **athletes** like these sports clothes.
多くのアスリートはこれらのスポーツウェアが好きです。

▶ Let's **check** it **out**.
それを調べてみましょう。

▶ Have you ever heard the new song? − No, I haven't, but I'll **check** it **out**.
その新曲を聞いたことがありますか。—いいえ，ありませんが調べてみます。

教科書p.12 ～ p.13

▷ He has won many world **championships**.
彼は多くの世界選手権で優勝しています。

▶ I practiced hard to win the **championship**.
私は優勝するために一生懸命練習しました。

▶ I was **amazed** to hear the singer's beautiful voice.
私はその歌手の美しい声を聞いてびっくりしました。

▶ Everyone was **amazed** by his brave action.
だれもが彼の勇かんな行動に驚きました。

□□□ **be amazed at**　…に驚かされる

□□□ **speed**　[spíːd　ス**ピ**ード]
㊔　スピード，速度

□□□ **amazing**　[əméiziŋ　ア**メ**イズィング]
㊏　驚くべき，驚くほどすばらしい

□□□ **uncomfortable**　[ʌnkʌ́mfə*r*təbl　アン**カ**ンふァタブる]
㊏　心地よくない

□□□ **make**　[méik　**メ**イク]
㊍　(人・もの)を…の状態にする

□□□ **well-known**　[wélnóun　**ウェ**る**ノ**ウン]
㊏　有名な

□□□ **Grand Slam**　[grǽnd slǽm　グ**ラぁ**ンド ス**らぁ**ム]
㊔　グランドスラム

□□□ **winner**　[wínə*r*　**ウィ**ナ]
㊔　勝者，受賞者

□□□ **keep**　[kíːp　**キ**ープ]
㊍　(人・もの)を…の状態にしておく

□□□ **positive**　[pázitiv　**パ**ズィティヴ]
㊏　肯定の，前向きな

▶ I **was amazed at** her knowledge of world history.
私は彼女の世界史の知識に驚かされました。

▶ I **am amazed at** the progress of AI technology.
私はAI技術の進歩に驚かされています。

▷ I was amazed at his power and **speed**.
私は彼のパワーとスピードに驚かされました。

▶ The jet flies faster than the **speed** of sound.
そのジェット機は音速より速く飛びます。

▶ Look at that sunrise. That's **amazing**.
あの日の出を見て。すばらしい。

▶ The singer's new song is really **amazing**.
その歌手の新曲は本当に驚くほどすばらしい。

▶ This chair is very **uncomfortable**.
このいすはとてもすわり心地が悪いです。

▶ I feel **uncomfortable** in the new shoes.
この新しい靴ははき心地がよくありません。

▷ It **makes** me uncomfortable.
それは私を不快にさせます。

▶ You always **make** me feel good.
あなたはいつも私をいい気分にさせてくれます。

▷ Another **well-known** player is Kamiji Yui.
もう一人の有名選手はカミジユイさんです。

▶ He is a **well-known** photographer in the world.
彼は世界的に有名な写真家です。

▶ It was her first **Grand Slam** event.
それは彼女にとってはじめてのグランドスラムでした。

▶ The U.S. Open is one of the four **Grand Slam** tennis championships.
全米オープンは４つのグランドスラムテニス選手権の１つです。

▶ He became the youngest **winner** in the event's 100-year history.
彼はそのイベントの100年の歴史の中で最年少受賞者になりました。

▶ The **winner** of the championships was the Japanese team.
大会の勝者は日本のチームでした。

▶ Kenta, **keep** your room clean!
ケンタ，自分の部屋をきれいにしておいてね。

▶ I **kept** the taxi waiting.
私はタクシーを待たせておきました。

▷ Her smiles keep us **positive**, too.
彼女の笑顔は私たちも前向きにしてくれます。

▶ I'll try to make a **positive** change in my life.
私は自分の人生に前向きな変化を起こそうと思います。

Read and Think ②

□□□ **support(ing)** 動 …を支援する，応援する
[səpɔ́ːrt サ**ポ**ート]

□□□ possible 形 (物事が)可能な，できる
[pásəbl **パ**スィブる]

□□□ establish(ed) 動 …を設立する
[istǽbliʃ イス**タぁ**ブリッシ]

□□□ **himself** 代 彼自身，自ら
[himsélf ヒム**セ**るふ]

□□□ user 名 使用[利用]者，ユーザー
[júːzər **ユ**ーザ]

□□□ satisfy, satisfied 動 …を満足させる
[sǽtisfài **サぁ**ティスふァイ]

□□□ be satisfied with …に満足する

□□□ ordinary 形 ふつうの
[ɔ́ːrdənèri **オ**ーディネリ]

□□□ decide to …しようと決心する

教科書p.14 ～ p.15

▶ We should **support** children in poor countries.
私たちは貧しい国々の子供たちを支援するべきです。

▶ Several large companies **support** our plans.
いくつかの大企業が私たちの計画を支援してくれています。

▶ Athletes show us that anything is **possible**.
何でもできるということをアスリートたちは私たちに示してくれます。

▶ You can do it if you try. Everything is **possible**.
やろうと思えばあなたはできます。全てが可能なのです。

▷ The company was **established** by Ishii Shigeyuki.
その会社はイシイシゲユキさんによって設立されました。

▶ An elementary school was **established** in an Asian country.
アジアのある国で小学校が設立されました。

▶ He **himself** is a soccer player.
彼自身がサッカー選手です。

▶ He enjoyed **himself** in his room after he finished his homework.
彼は宿題を終えた後，自分の部屋で楽しくすごしました。

▷ He himself was a wheelchair **user**.
彼自身が車いすの使用者でした。

▶ Many **users** can enjoy the game on the internet.
多くのユーザーがインターネット上でそのゲームを楽しむことができます。

▶ How can I **satisfy** you?
どうすればあなたを満足させることができますか。

▶ I was **satisfied** to hear her beautiful song.
私は彼女の美しい歌を聞いて満足しました。

▶ I'**m satisfied with** the result of the contest.
私はコンテストの結果に満足しています。

▶ Our team lost the game, but I **was satisfied with** the result.
私たちのチームは試合に負けましたが，私は結果に満足しました。

▶ This product became popular among **ordinary** people.
この商品は一般人の間で人気になりました。

▶ I'm satisfied with **ordinary** life.
私はふつうの生活に満足しています。

▶ She **decided to** become a doctor.
彼女は医者になろうと決心しました。

▶ Sakura **decided to** join the volunteer activity.
サクラはそのボランティア活動に参加しようと決心しました。

design
[dizáin　ディ**ザ**イン]
動　…を設計する

custom-made
[kʌ́stəmméid　**カ**スタム **メ**イド]
形　注文で作った

sporty, sportier
[spɔ́:rti　ス**ポ**ーティ]
形　スポーティーな，走りの軽快な

functional
[fʌ́ŋkʃənəl　**ふァ**ンクショナる]
形　実用的な

stylish
[stáiliʃ　ス**タ**イリッシ]
形　おしゃれな，センスのよい

part
[pɑ́:rt　**パ**ート]
名　部分，[part ofで]…の一部

opinion(s)
[əpínjən　オ**ピ**ニョン]
名　意見，考え

and
[ǽnd　**あ**ンド；(弱く言うとき)ənd　アン(ド)]
接　[同じ語をandで結んで]ますます

more and more
ますます(多くの)

▶ He **designed** this station.
彼がこの駅を設計しました。

▶ Who **designed** the museum?
だれがその美術館を設計したのですか。

▷ He decided to design **custom-made** wheelchairs.
彼は特注の車いすを設計しようと決心しました。

▶ I bought a **custom-made** computer.
私は注文で作ったコンピュータを買いました。

▶ These **sporty** bikes are for sale in Japan.
これらのスポーティーな自転車は日本で販売されています。

▶ Many young people buy these **sporty** watches.
多くの若い人はこれらのスポーティーな腕時計を買います。

▶ Your bag is very **functional**.
あなたのかばんはとても実用的です。

▶ My mother's desk is **functional** and beautiful.
私の母の机は実用的で美しいです。

▶ It's **stylish** to eat quickly and leave the restaurant.
さっと食べてレストランを出るのがおしゃれです。

▶ I want these **stylish** shoes.
私はこれらのおしゃれな靴がほしいです。

▷ Wheelchairs are like **part** of their bodies.
車いすは彼らの体の一部のようなものです。

▶ The Internet is now **part** of every day life.
インターネットは今や日常生活の一部となっています。

▷ The staff members listen carefully to their **opinions**.
スタッフは彼らの意見に注意深く耳をかたむけます。

▶ The teachers have to listen to students' **opinions**.
教師は生徒の意見に耳をかたむけなければなりません。

▶ The global warming problem is becoming **more and more** serious.
地球温暖化問題はますます深刻になっています。

▶ **More and more** people come to Japan to find jobs.
仕事を見つけるために日本にやって来る人がますます多くなっています。

Let's Write ①

●有名人への手紙　――ファンレター――

Justin Thyme
[dʒʌ́stin táim　**ジャ**スティン **タ**イム]
名　ジャスティン・タイム [男性名]

yours
[júərz　**ユ**アズ]
代　[... of yoursで] あなた(たち)の

any
[éni　**エ**ニ;(弱く言うとき)əni　エニ]
代　どれも(…ない)

have never [not] been to
…に行ったことがない

catch
[kǽtʃ　**キぁ**ッチ]
動　…を見逃さずに見る [聞く]

awesome
[ɔ́:səm　**オ**ーサム]
形　すばらしい，最高の

bright
[bráit　ブ**ラ**イト]
形　明るい

horizon(s)
[həráizn　ホ**ラ**イズン]
名　地平線，水平線

hopeful
[hóupfl　**ホ**ウプふる]
形　希望を持っている

教科書p.17

▷ I am a big fan of **yours**.
私はあなたの大ファンです。

▶ The new bicycle of **yours** is cool.
あなたの新しい自転車はかっこいいです。

▶ I couldn't answer **any** of his questions.
私は彼のどの質問にも答えられませんでした。

▶ I didn't see **any** of your children in the playground.
運動場であなたの子供たちを一人も見ませんでした。

▷ I **have not been to** any of your concerts.
私はあなたのコンサートに一度も行ったことがありません。

▶ I **have never been to** London.
私はロンドンへ行ったことがありません。

▷ I always **catch** your performances on TV.
私はいつもあなたのパフォーマンスをテレビで逃さず見ています。

▶ Do you want to go and **catch** a movie with me?
私といっしょに映画を見に行きませんか。

▷ Your last performance was really **awesome**.
あなたのこの前の公演は実にすばらしかったです。

▶ This was an **awesome** dinner. Thank you very much.
これは最高のディナーでした。どうもありがとうございます。

▶ The moon was **bright** last night.
昨夜は月が明るかったです。

▶ The girl in the **bright** orange sweater is Sakura.
明るいオレンジ色のセーターを着ている女の子はサクラです。

▶ The sun began to rise above the **horizon**.
太陽が地平線上にのぼり始めました。

▶ Look! The sun appeared on the **horizon**.
見て！　水平線上に太陽が見えてきたよ。

▶ He watched the picture with a **hopeful** eye.
彼は希望に満ちた目でその写真を見ました。

▶ The girl is **hopeful** about her future.
その女の子は将来に希望を持っています。

□□□ challenge [tʃǽlindʒ **チ**あれンヂ]	[名]	難問
□□□ **over** [óuvər **オ**ウヴァ]	[前]	…をこえて，…の向こう側に
□□□ get over		…を乗りこえる
□□□ write ... back		…に手紙の返事を書く
□□□ **super** [sú:pər **ス**ーパ]	[副]	とても，すごく
□□□ audience [ɔ́:diəns **オ**ーディエンス]	[名]	聴衆，観客
□□□ hope to		…したいと思う
□□□ All the best,		万事うまくいきますように[手紙などの結びの言葉]

▶ We're facing difficult **challenges**.
私たちは困難な問題に直面しています。

▶ I kept trying to find new **challenges**.
私は新しい挑戦を見つけようとし続けました。

▶ We went **over** the sea to America.
私たちは海をこえてアメリカに行きました。

▶ It's the first time to go **over** the bridge.
その橋を渡るのははじめてです。

▷ How do you **get over** it?
あなたはどうやってそれを乗りこえるのですか。

▶ I can't still **get over** a stomachache.
私はまだ腹痛に打ち勝つことができません。

▷ Please **write** me **back** if you have time.
もし時間があれば私に手紙の返事を書いてください。

▶ Do you think he will **write** you **back**?
彼はあなたに手紙の返事を書くと思いますか。

▶ I'm **super** busy now.
私は今とても忙しいです。

▶ She may be **super** tired.
彼女はとてもつかれているかもしれません。

▶ The **audience** enjoyed *rakugo* very much.
聴衆は落語をたいへん楽しみました。

▶ He made a great speech in front of the **audience**.
彼は聴衆の前ですばらしいスピーチをしました。

▶ I **hope to** establish my company someday.
私はいつか自分の会社を設立したいと思っています。

▶ I **hope to** see you at the graduation ceremony.
卒業式であなたにお会いしたいと思っています。

▶ **All the best** to you!
あなたの幸せをお祈りしています。

▶ **All the best** in your new job.
新しい仕事での成功をお祈りしています。

Unit 2 Haiku in English

Scene ①

□□□ **yet** [jét イェット]
副 [疑問文で]もう，すでに

□□□ **read** [réd レッド]
動 [readの過去分詞]

□□□ **just** [dʒʌ́st ヂャスト；（弱く言うとき）dʒəst ヂャスト]
副 たった今

□□□ **sleep(ing)** [slíːp スリープ]
動 眠る，寝ている

□□□ **yet** [jét イェット]
副 [否定文で]まだ，今のところは

□□□ **already** [ɔːlrédi オーるレディ]
副 すでに，もう

Scene ②

□□□ **Baker** [béikər ベイカ]
名 ベーカー[姓]

□□□ **How long ...?**
どれくらい長く[長い]

教科書p.21

▷ Have you finished your homework **yet**?
宿題はもう終わりましたか。

▶ Have you eaten lunch **yet**?
もう昼食を食べましたか。

▶ I have **read** a lot about the Japanese festival.
私は日本のお祭りについてたくさん読みました。

▶ I have never **read** such an exciting comic book.
私はこんなにおもしろいマンガ本を読んだことがありません。

▷ Hi. I've **just** read your message.
こんにちは。たった今あなたのメッセージを読みました。

▶ I have **just** got the result of the contest.
たった今コンテストの結果を受け取りました。

▷ I was **sleeping** when your message came.
あなたのメッセージが来たとき私は寝ていました。

▶ He was **sleeping** when his father came home.
父親が帰宅したとき，彼は寝ていました。

▷ I haven't finished my homework **yet**.
まだ宿題が終わっていません。

▶ We haven't heard the winner's name **yet**.
私たちはまだ勝者の名前を聞いていません。

▶ She has **already** finished her homework.
彼女はもう宿題を終えました。

▶ The train has **already** left.
列車はもう出発しました。

教科書p.22

▷ **How long** have you lived in Japan?
あなたはどのくらい長く日本に住んでいますか。

▶ **How long** is she going to stay?
彼女はどのくらい長く滞在する予定ですか。

more [mɔ́ː*r*　**モ**ーア]	代　もっと多くのもの[こと]
poet [póuit　**ポ**ウエット]	名　詩人
since [síns　**スィ**ンス]	前接…(して)以来
read [réd　**レ**ッド]	動　[readの過去形]
first [fə́ː*r*st　**ふァ**～スト]	副　はじめて
image(s) [ímidʒ　**イ**メッヂ]	名　像，肖像，印象
curious [kjúəriəs　**キュ**(ア)リアス]	形　好奇心の強い

Read and Think ①

have [hǽv　**ハあ**ヴ；(弱く言うとき)həv　ハヴ，əv　アヴ，v　ヴ]	助　[現在完了進行形を作る]
you've [júːv　**ユ**ーヴ]	＝ you have

▶ Please tell me **more** about it.
それについてもっと多くのことを話してもらえますか。

▶ I want to know **more** about my country.
私は自分の国についてもっと多くのことを知りたいです。

▷ Who's your favorite haiku **poet**?
あなたの好きな俳人はだれですか。

▶ The **poet** traveled around Japan and wrote many haiku.
その詩人は日本中を旅して多くの俳句を書きました。

▶ My mother has had a headache **since** yesterday.
母は昨日から頭痛がしています。

▶ I have practiced the guitar **since** this January.
私は今年の１月からギターを練習してきました。

▷ I've been a big fan since I **first** read his haiku.
彼の俳句をはじめて読んで以来，私は彼の大ファンです。

▶ When I **first** came to Kyoto, I visited Kiyomizu-dera Temple.
私ははじめて京都に来たとき，清水寺を訪れました。

▶ I changed my **image** of Japan after I visited Kyoto.
京都を訪れてから私の日本の印象が変わりました。

▶ The company is trying hard to improve its **image**.
会社は一生懸命に印象を良くしようとしています。

▶ She made me **curious** about American culture.
彼女のおかげで私はアメリカの文化に興味をもちました。

▶ The girl is **curious** about everything around her.
その少女は自分のまわりの全てに好奇心をもっています。

教科書p.24 ～ p.25

▷ I **have** been reading a book since 10 a.m.
私は午前10時から本を読んでいます。

▶ You **have** been sitting at the computer for ten hours.
あなたは10時間コンピュータの前にすわっていますね。

▶ Is there any book **you've** read before?
あなたが以前に読んだことのある本はありますか。

▶ **You've** been reading the book all day.
あなたは一日中その本を読んでいますね。

period [píəriəd　**ピ**(ア)リオド]	名	時代
from [frám　ふ**ラ**ム；(弱く言うとき)frəm ふラム]	前	**【相違・区別】** …から，…と
be different from		…とはちがっている
poem(s) [póuəm(z)　**ポ**ウエム]	名	詩
written [rítn　**リ**トゥン]	動	[writeの過去分詞]
line [láin　**ら**イン]	名	行
rhyme [ráim　**ラ**イム]	動	韻をふむ
seasonal [sí:zənl　**スィ**ーズナる]	形	季節の
include(d) [inklú:d　インク**る**ード]	動	…を含む，含める
rhythm [ríðm　**リ**ずム]	名	リズム，調子

▶ This photograph was taken in the Meiji **period**.
この写真は明治時代に撮られたものです。

▶ Japanese people began to write haiku in Edo **period**.
日本人は江戸時代に俳句を書き始めました。

▶ Your school **is different from** ours.
あなたの学校は私たちの学校とはちがっています。

▶ His opinion **is** very **different from** ours.
彼の意見は私たちの意見とはとてもちがっています。

▷ Haiku are different from traditional English **poems**.
俳句は伝統的なイギリスの詩とは異なります。

▶ We're going to hold the **poem** contest in the autumn.
私たちは秋に詩のコンテストを開催する予定です。

▶ This book is **written** in easy English.
この本は簡単な英語で書かれています。

▶ I have **written** a few short stories.
私はいくつかの短い物語を書きました。

▷ The lines do not have to **rhyme**.
（俳句の）行は韻をふむ必要はありません。

▶ The words long and song **rhyme**.
「long」と「song」という単語は韻をふんでいます。

▶ Dolls' Festival is one of the **seasonal** events in Japan.
ひな祭りは日本の季節の行事の一つです。

▶ What are the most popular **seasonal** dishes in Japan?
日本で最も人気のある季節の料理は何ですか。

▶ Members **include** actors, singers, and musicians.
メンバーには俳優，歌手，そして演奏家などがいます。

▶ The brass band **includes** a few new students.
ブラスバンドには数人の新入生が含まれています。

▶ We felt the music's **rhythm**.
私たちはその音楽のリズムを感じました。

▶ She has a good sense of **rhythm**.
彼女はよいリズム感をもっています。

□□□ **most** [móust **モ**ウスト]

形 たいていの，大部分の

□□□ **long** [lɔ́ːŋ **ろ**ーング]

形 [長さを表す語のあとに用いて]…の長さがある

□□□ syllable(s) [sílәbl **スィ**らブる]

名 音節，シラブル

Read and Think ②

□□□ **outside** [àutsáid アウト**サ**イド，áutsàid **ア**ウトサイド]

前 …の外側で[に，へ]

□□□ become [bikʌ́m ビ**カ**ム]

動 [becomeの過去分詞]

□□□ quite [kwáit ク**ワ**イト]

副 かなり，相当

□□□ **less** [lés **れ**ス]

副 もっと少なく，より…でなく

□□□ **strict** [stríkt ストゥ**リ**クト]

形 厳しい

□□□ not always

いつも[必ずしも]…とは限らない

▷ Like **most** English poems, rhythm is very important.
大部分の英語の詩と同様に，リズムがとても重要です。

▶ **Most** supermarkets open at 9:00 a.m.
たいていのスーパーマーケットは午前９時に開店します。

▶ The bridge is 800 meters **long**.
その橋は800メートルの長さがあります。

▶ The performance was about thirty minutes **long**.
その公演は30分ほどの長さでした。

▷ Haiku use three lines – five, seven, and five **syllables** long.
俳句が用いるのは３行－５，７，５音節の長さです。

▶ The word “dessert” has two **syllables**.
「dessert」という単語は２音節を含みます。

教科書p.26 ～ p.27

▶ Many people **outside** Japan are interested in haiku.
日本国外の多くの人々が俳句に興味をもっています。

▶ The boy was watching something **outside** the window.
その少年は窓の外にある何かを見ていました。

▶ The singer has **become** popular in the past few years.
その歌手はここ数年で人気になりました。

▶ The girl has **become** good at playing the piano.
その女の子はピアノを弾くのがうまくなりました。

▷ Haiku in English have become **quite** popular.
英語の俳句はかなり人気が出てきました。

▶ It was **quite** cold this morning.
今朝はとても寒かったです。

▶ It’s **less** severe here in winter than in other cities.
ここはほかの都市よりも冬の厳しさは少ないです。

▶ This question is **less** difficult than that one.
この問題はあの問題ほど難しくないです。

▶ There are **strict** rules in my school.
私の学校には厳しい規則があります。

▶ My teacher is very **strict** with his students.
私の先生は生徒には非常に厳しいです。

▷ A seasonal word is **not always** necessary.
季語は必ずしも必要ではありません。

▶ Rich people are **not always** happy.
金持ちの人が必ずしも幸せとは限りません。

either 副 [否定文の文末に用いて]…もまた(～ない)
[í:ðər **イ**ーざ, áiðə **ア**イざ]

not only ... but also ～ …だけでなく～もまた

actually 副 実は，本当は
[ǽktʃuəli **あ**クチュアり]

website(s) 名 ウェブサイト
[wébsàit **ウェ**ッブサイト]

so ... that ～ とても…なので～だ

site 名 (インターネットの)サイト
[sáit **サ**イト]

pop culture 大衆文化

fun 形 おもしろい，楽しい
[fʌ́n **ふァ**ン]

Let's Talk ①
はじめての出会い ――歓迎する――

Mike 名 マイク[男性名]
[máik **マ**イク]

▶ I don't like horror movies so much. − I don't, **either**.
ホラー映画はあまり好きではありません。ー私も好きではありません。

▶ I'm not hungry now. − I'm not, **either**.
今，おなかが空いていません。ー私も空いていません。

▶ The singer is famous **not only** in Japan **but also** around the world.
その歌手は日本だけではなく，世界中で有名です。

▶ She plays **not only** tennis **but also** soccer.
彼女はテニスだけでなくサッカーもします。

▶ **Actually**, they're very friendly.
実は，彼らはとても好意的です。

▶ Did you sleep well last night? − Well, **actually**, I didn't.
昨晩はよく眠れましたか。ーそうですね，実はよく眠れなかったんです。

▶ I want to make useful **websites**.
私は役に立つウェブサイトを作りたいです。

▶ I want many people to visit my **website**.
私は多くの人に私のウェブサイトを訪れてほしいです。

▶ I was **so** tired **that** I went to bed early.
私はとても疲れていたので，早く寝ました。

▶ The sea in Okinawa was **so** beautiful **that** I wanted to go there again.
沖縄の海はとても美しかったので，もう一度そこに行きたいと思いました。

□□□ **pop** ［páp **パ**ップ］

㊍ 大衆的な

▶ I'm interested in Japanese **pop cultures**.
私は日本の大衆文化に興味があります。

▶ The young artist is a symbol of **pop culture**.
その若い芸術家は大衆文化の象徴です。

▷ It may be a **fun** way to learn English.
それは英語を学ぶための楽しい方法かもしれません。

▶ We spent a **fun** night together.
私たちはいっしょに楽しい夜を過ごしました。

教科書p.29

□□□ **year** ［jíər **イ**ア］

㊔ 年度，学年

☐☐☐ **we've** = we have
[wíːv **ウィ**ーヴ]

☐☐☐ **class** ㊔ 授業
[klǽs ク**らぁ**ス]

☐☐☐ **feel free to** 遠慮なく…する

歴史と文化　世界に誇れるanimeとmanga

日本のマンガの先駆けは，鳥《と》羽《ば》僧正《そうじょう》覚猷《かくゆう》が描いたとされる『鳥獣《ちょうじゅう》戯《ぎ》画《が》』だ。鳥やウサギやカエルやサルなどが，着物を着たり弓矢を使ったり，人間のようなことをしている。その動きは今のマンガそっくりだ。でも，現代のマンガ文化に直接つながるようなものが生まれたのは，明治になって欧米の風刺《ふうし》マンガの影響を受けるようになってからだ。とくに，第二次世界大戦後のアメリカのマンガの影響が大きいそうだよ。アニメもアメリカで発達した文化だ。少し昔には，日本でもアメリカ製のテレビアニメやアニメ映画があふれていたよ。日本でも，天才・手塚治虫《おさむ》をはじめ無数の作家が現れて，マンガとアニメはどんどん進歩していった。そして世界中に日本製テレビアニメが配給されていくようになる。

もっとも，日本のマンガやアニメが欧米の大人たちに認められるようになったのは，わりと最近のことだ。宮崎駿《はやお》監督の『千と千尋《ちひろ》の神隠し』が爆発的なヒットをとばして，欧米のたくさんの映画賞を受賞したあたりから，日本アニメに対する世界の目もずいぶん変わったようだよ。「へえ，大人が見ても感動できる，内容のあるものじゃないか」というわけだ。

以前は，たとえばこの宮崎監督の『風の谷のナウシカ』なんか，子

▶ **We've** missed the bus. − We'll have to walk.
私たちはバスに乗り遅れました。−歩かなければなりません。

▶ Welcome. **We've** been looking forward to seeing you.
ようこそ。あなたとお会いするのを楽しみにしていました。

□□□ **goodbye** 間 さようなら
[gu*d*bái グッ(ド)**バ**イ]

▷ **Feel free to** ask me if you have any questions.
もし何か質問があれば，遠慮なく私に聞いてください。

▶ I'm not working now. Please **feel free to** use my desk.
私は今仕事をしていません。遠慮なく私の机を使ってください。

供が見るアニメのくせに長すぎる，難しすぎるっていうわけで，あちこちカットして長さを縮めて，ぜんぜんちがう物語にしてビデオで売っていたという話だ。逆に言うと，欧米のアニメは短いものがふつうで，ターゲットはだいたい小学生以下だったわけだね。日本アニメが，そしてマンガが評価されるようになったのは，内容のレベルが高かったからだ。

日本語の「アニメ」というのは英語のanimation[あニ**メ**イシャン]の略からきているんだけど，英語では特に「日本のアニメ」のことを，ほかの国のものと区別してanimeと日本式に呼ぶことがある。日本アニメはほかとちょっとちがうってことかな。また，「マンガ」は英語でcartoon[カー**トゥ**ーン]とかcomicsなどと言うけど，「日本のマンガ」は日本語のままmangaと呼ばれることだってあるんだよ。

Unit 3 Animals on the Red List

扉

the Red List
[ðə réd líst　ざ **レ**ッド **り**スト]
名　レッドリスト

protect
[prətékt　プロ**テ**クト]
動　…を守る，保護する

endangered
[indéindʒərd　イン**デ**インヂャド]
形　絶滅の危機にさらされている

Scene ①

save
[séiv　**セ**イヴ]
動　…を救う

danger
[déindʒər　**デ**インヂャ]
名　危険(性)

extinction
[ikstíŋkʃn　イクス**ティ**ンクション]
名　絶滅

be in danger of
…の危険がある，危険にさらされている

climate
[kláimit　ク**ら**イメット]
名　気候

教科書p.35

▶ We work to **protect** wild animals in the world.
私たちは世界の野生動物を守るために働いています。

▶ We must take quick actions to **protect** many wild animals in the world.
私たちは世界の多くの野生動物を保護するためにすばやい行動をとらなければいけません。

▶ Many animals and plants are **endangered** around the world today.
現在，世界中で多くの動植物が絶滅の危機にさらされています。

▶ Polar bears are **endangered** because of global warming.
地球温暖化のためにホッキョクグマが絶滅の危機にさらされています。

教科書p.37

▶ The fire fighter **saved** a child's life.
その消防士は子供の命を救いました。

▶ The doctor is trying hard to **save** her life.
その医者は彼女の命を懸命に救おうとしています。

▶ Many animals face the **danger** of losing their habitats.
多くの動物は生息地を失う危険に直面しています。

▶ How's the sick girl, doctor? − She is out of **danger** now.
先生，その病気の女の子の具合はどうですか。－もう危険を脱しましたよ。

▶ We must save wild animals from **extinction**.
私たちは野生動物を絶滅から救わなければなりません。

▶ What should we do to preserve Asian elephants from **extinction**?
アジアゾウを絶滅から守るために私たちは何をするべきでしょうか。

▷ Many kinds of animals **are in danger of** extinction.
多くの種類の動物が絶滅の危機にさらされています。

▶ He **was in danger of** losing his life.
彼は命を失う危険にさらされていました。

▷ Animals are facing many challenges, such as **climate** change.
動物たちは気候変動などの多くの難題に直面しています。

▶ These animals live in a hot **climate**.
これらの動物は暑い気候のもとで生きています。

□□□ **human** [hjúːmən **ヒュ**ーマン]
形 人間の，人間的な

□□□ **for** [fɔ́ːr **ふォ**ーア；(弱く言うとき)fər ふォ]
前 [「It is ...(for＋(人))＋to＋動詞の原形」の意味上の主語として](人)が(～することは)

□□□ survive [sərváiv サ**ヴァ**イヴ]
動 生き残る

□□□ condition(s) [kəndíʃn コン**ディ**シャン]
名 状況

□□□ **fast** [fǽst **ふぁ**スト]
形 速い

□□□ **or** [ɔ́ːr **オ**ーア；(弱く言うとき)ər ア]
接 [主に命令文のあとで] そうしなければ

Scene ②

□□□ IUCN [àijuːsiːén アイユースィー**エ**ン]
名 国際自然保護連合

□□□ cheetah(s) [tʃíːtə **チ**ータ]
名 チーター

□□□ want ... to ～
…が～することを望む，…に～してほしい

▶ Animals can understand **human** feelings.
動物は人間の感情を理解できます。

▶ Some scientists believe climate changes are a result of **human** activities.
気候変動は人間の活動の結果だと考える科学者もいます。

▷ It's important **for** us to understand the problem.
私たちがその問題を理解することは重要です。

▶ It is not necessary **for** you to go to school on Sunday.
あなたは日曜日に学校へ行く必要はありません。

▷ It is difficult for endangered animals to **survive**.
絶滅の危機にさらされた動物が生き残るのは難しいです。

▶ We have to work to **survive**.
私たちは生き残るために働かなければなりません。

▶ They lived in bad **conditions**.
彼らは悪い状況の中で生活していました。

▶ The father explained his child's **condition** to the doctor.
父親は子供の状況を医者に説明しました。

▷ The **fastest** animal needs the **fastest** help!
最も速い動物が最も速い助けを必要としています。

▶ Who is the **fastest** runner in our school?
私たちの学校でだれがいちばん速いランナーですか。

▷ Save us, **or** there will be trouble.
私たちを助けて，そうしなければ困ったことになります。

▶ Get up earlier, **or** you will be late for school.
もっと早く起きて，そうしなければ学校に遅れます。

教科書p.38

▷ Have you ever heard of the **IUCN** Red List?
国際自然保護連合のレッドリストについて聞いたことがありますか。

▶ **IUCN** has been trying to preserve endangered animals and plants.
IUCNは絶滅の危機にある動植物を保護しようとしてきています。

□□□ **gorilla** [gərílə ゴ**リ**ら]　名 ゴリラ

▷ I **want** everyone **to** know that.
私はそれをみんなに知ってもらいたいです。

▶ I **want** all the soccer players **to** do their best in the next game.
私はサッカー選手全員に次の試合でベストを尽くしてもらいたいです。

Read and Think ①

let
[lét　**れ**ット]
動　(人)に…させる

the
[(子音の前で)ðə　ざ，(母音の前で)ði ずィ；(強く言うとき)ðíː　**ずィ**ー]
冠　[単数名詞につけて種類全体を表す]…というもの
the crested ibis トキ

crested ibis
[kréstid áibis　ク**レ**スティッド **ア**イビス]
名　トキ

or
[ɔ́ːr　**オ**ーア；(弱く言うとき)ər　ア]
接　すなわち，言いかえれば

until
[əntíl　アン**ティ**る]
前　…まで(ずっと)，[否定文で]…までは(〜しない)

up until
…まで

era
[írə　**イ**ラ]
名　時代，年代

population
[pàpjəléiʃn　パピュ**れ**イシャン]
名　人口，(動物の)個体数

rapidly
[rǽpidli　**ラぁ**ピッドり]
副　速く，急速に

教科書p.40 ~ p.41

▷ **Let** us give you one example.
一例を挙げましょう。

▶ Please **let** me know if I can help you.
私にお手伝いできるようであればお知らせください。

▶ **The** cow is a useful animal.
ウシは役に立つ動物です。

▶ He plays **the** piano well.
彼はじょうずにピアノを弾きます。

▶ Japanese **crested ibises** could once be seen all over Japan.
日本のトキはかつて日本中で見ることができました。

▶ I hear that the **crested ibis** is an endangered animal.
トキは絶滅危惧種の動物だと聞いています。

▷ It is the crested ibis, **or** *toki* in Japanese.
それはクレステッドアイビス，すなわち日本語でトキといいます。

▶ He teaches music, **or** the common language of the world.
彼は音楽，すなわち世界共通の言語を教えています。

▶ The art exhibition continues **until** the end of next month.
その美術展は来月の末まで続きます。

▶ She didn't come home **until** midnight.
彼女は真夜中まで帰宅しませんでした。

▶ **Up until** a year ago, I couldn't speak English.
一年前まで私は英語が話せませんでした。

▶ There weren't any problems in his family **up until** now.
今まで彼の家族には何の問題もありませんでした。

▷ Up until the Meiji **era**, we could see many ibises around this country.
明治時代まで，全国各地で多くのトキを見ることができました。

▶ Ukiyoe of the Edo **era** influenced many artists overseas.
江戸時代の浮世絵は海外の多くの芸術家に影響を与えました。

▶ The town has a **population** of five thousand.
その町の人口は5,000人です。

▶ How many is the **population** of your country?
あなたの国の人口は何人ですか。

▷ The population of ibises in Japan **rapidly** decreased.
日本のトキの数は急速に減少しました。

▶ The number of bikes has **rapidly** increased.
自転車の数が急速に増えています。

□□□ feather(s) [féðər **ふぇ**ざ]
名 羽

□□□ development [divéləpmənt ディ**ヴェ**ろプメント]
名 開発

□□□ destroy(ed) [distrɔ́i ディストゥ**ロ**イ]
動 …を破壊する

□□□ environment [inváirənmənt イン**ヴァ**イロンメント]
名 環境

□□□ capture(d) [kǽptʃər **キぁ**プチャ]
動 …を捕まえる

□□□ breed(ing) [bríːd ブ**リ**ード]
動 …を飼育する，繁殖する

□□□ **help** [hélp **へ**るプ]
動 (人)が…するのを手伝う

□□□ safely [séifli **セ**イふり]
副 安全に

□□□ **die(d)** [dái **ダ**イ]
動 死ぬ

□□□ one by one
1人[1つ]ずつ

▷ People hunted ibises for their beautiful **feathers**.
人々はその美しい羽を求めてトキを狩りました。

▶ We can relax when we sleep with the **feather** *futon*.
羽毛ふとんで眠るとリラックスできます。

▶ The **development** of information technology created a lot of new jobs.
情報技術の開発は多くの新しい仕事を生み出しました。

▶ Land **development** has destroyed the natural environment.
土地開発が自然環境を破壊してしまいました。

▶ Many buildings in the town were **destroyed**.
その町の多くの建物が破壊されました。

▶ People **destroyed** gorillas' habitat.
人々はゴリラの生息地を破壊しました。

▶ What can we do to protect the **environment**?
環境を守るために私たちに何ができるでしょうか。

▶ Many people are thinking how to protect the **environment**.
多くの人々が環境をどのように保護するかを考えています。

▶ Fox **captures** small animals such as birds and rabbits.
キツネは鳥やウサギなどの小動物を捕まえます。

▶ The police **captured** the man.
警察はその男を捕まえました。

▶ Hokkaido has been a famous horse **breeding** area.
北海道はずっと有名なウマの繁殖地です。

▶ Japanese people began trying to **breed** pandas.
日本人はパンダを繁殖する試みを始めました。

▶ They **helped** me get a new job.
彼らは私が新しい仕事につくのを手伝ってくれました。

▶ Can you **help** me write this article?
この記事を書くのを手伝ってくれませんか。

▷ People tried to help five ibises live **safely**.
人々は５羽のトキが安全に暮らせる手助けを試みました。

▶ She always rides a bike **safely**.
彼女はいつも安全に自転車に乗ります。

▶ I don't want to **die**.
私は死にたくありません。

▶ My grandmother **died** in spring last year at the age of 85.
私の祖母は去年の春に85歳で死にました。

▶ The teacher called the students' names **one by one**.
先生は生徒たちの名前を１人ずつ呼びました。

▶ They checked the products **one by one**.
彼らは製品を１つずつ点検しました。

□□□ **last**
[lǽst　**らぁ**スト]
形　最後の，最終の

□□□ Chinese
[tʃàiníːz　チャイ**ニ**ーズ]
形　中国の

□□□ -born
[bɔ́ːrn　**ボ**ーン]
形　…生まれの

□□□ government
[gʌ́vərnmənt　**ガ**ヴァ(ン)メント]
名　政府

□□□ **then**
[ðén　**ぜ**ン]
名　そのとき

□□□ **lost**
[lɔ́ːst　**ろ**ースト]
動　[loseの過去分詞]

□□□ **fly**
[flái　ふ**ら**イ]
動　飛ぶ

□□□ **over**
[óuvər　**オ**ウヴァ]
前　…の上に，上方に

Read and Think ②

□□□ the Congo
[ðə káŋgou　ざ **カ**ンゴウ]
名　コンゴ民主共和国[国名]

▷ The **last** ibis died in 2003.
2003年に最後のトキが死にました。

▶ I missed the **last** train last night.
昨晩，私は最終電車に乗り遅れました。

▶ My mother cooked a **Chinese** dish yesterday.
私のお母さんは昨日中華料理を作ってくれました。

▶ In calligraphy class I learned how to write **Chinese** letters.
書道の授業で私は中国の文字の書き方を学びました。

▷ We still had some Chinese-**born** ibises on the island.
島にはまだ何羽か中国生まれのトキがいました。

▶ The Japanese is a New York-**born** musician.
その日本人はニューヨーク生まれのミュージシャンです。

▶ The people supported the **government**.
人々は政府を支援しました。

▶ The **government** is asking people to think more about global warming.
政府は人々に地球温暖化についてもっと考えるように求めています。

▷ Since **then**, people have been breeding these ibises.
それ以来，人々はこれらのトキを繁殖させてきました。

▶ I didn't know who he was until **then**.
私はそのときまで彼がだれなのか知りませんでした。

▷ We have **lost** all of the original Japanese ibises.
私たちは日本独自のトキを全て失いました。

▶ I have found my dog that was **lost**.
迷子になっていた自分のイヌを見つけました。

▶ A big bird is **flying** over my head.
大きな鳥が私の頭上を飛んでいます。

▶ We can see an airplane **flying** very well around here.
このあたりでは飛行機が飛んでいるのがとてもよく見えます。

▷ Someday ibises may fly **over** Japan like before.
いつかトキが，以前のように日本の上空を飛ぶかもしれません。

▶ An airplane was flying **over** my head then.
そのとき，頭上に飛行機が飛んでいました。

教科書p.42 ～ p.43

▶ I saw a gorilla in **the Congo** when I was ten years old.
私は10歳のときコンゴ民主共和国でゴリラを見ました。

▶ Gorillas in **the Congo** are in danger of extinction.
コンゴ民主共和国のゴリラは絶滅の危険にあります。

□□□ **study** [stʌ́di　ス**タ**ディ]

㊔ 研究，調査

□□□ **die out**

絶滅する

□□□ **logging** [lɔ́(:)giŋ　**ろ**(ー)ギング]

㊔ 伐採

□□□ **mining** [máiniŋ　**マ**イニング]

㊔ 採鉱，採掘

□□□ **surprisingly** [sərpráiziŋli　サプ**ラ**イズィングり]

副 驚いたことには

□□□ **electronic** [ilèktránik　イれクトゥ**ラ**ニック]

形 電子の

□□□ **device(s)** [diváis　ディ**ヴァ**イス]

㊔ 装置

□□□ **metal(s)** [métl　**メ**トゥる]

㊔ 金属

□□□ **ecosystem** [í:kousìstəm　**イ**ーコウスィステム]

㊔ 生態系

□□□ **species** [spí:ʃi:z　ス**ピ**ーシーズ]

㊔ (生物学上の)種[複数形もspecies]

□ □ □ **out** 副 なくなって，消えて

[áut **ア**ウト]

▶ Why did the animal **die out**?
なぜその動物は絶滅したのですか。

▶ Some animals in Japan may **die out**.
日本の一部の動物が絶滅するかもしれません。

▶ We must stop **logging** too much.
私たちは伐採をしすぎるのをやめなければなりません。

▶ Why is the **logging** of natural forests such a big problem in this country?
なぜこの国では自然林の伐採がこんなに大きな問題になっているのですか。

▶ He looked at a map of the **mining** area carefully.
彼は採掘地域の地図を注意深く見ました。

▶ People destroy gorillas' habitats by **mining**.
人々は採掘によりゴリラの生息地を破壊しています。

▶ **Surprisingly**, everyone had some problems.
驚いたことには，みんなが何らかの問題をかかえていました。

▶ **Surprisingly**, my classmates prepared a surprise party for my birthday.
驚いたことには，同級生が私の誕生日に不意打ちパーティを用意していました。

▶ She often buys **electronic** books through the internet.
彼女はよくインターネットで電子書籍を購入します。

▶ All students in my class have **electronic** dictionaries.
クラスの生徒全員が電子辞書を持っています。

▶ That company sells useful computer **devices**.
その会社は便利なコンピュータ装置を販売しています。

▶ More and more students have electronic **devices**.
電子機器を持っている生徒はますます多くなっています。

▷ Some of these **metals** come from the gorillas' habitat.
これらの金属のうちのいくつかはゴリラの生息地が原産です。

▶ Some **metals** are used for electronic devices.
金属の中には電子機器に使われるものがあります。

▷ Each animal has its own role in the **ecosystem**.
それぞれの動物は生態系で独自の役割をもっています。

▶ The history of this island has created a unique **ecosystem**.
この島の歴史は独特の生態系を生み出してきました。

▶ Why should we protect endangered **species**?
なぜ私たちは絶滅危惧種を保護しなければならないのですか。

▶ We must take care of endangered **species**.
私たちは絶滅危惧種を大事にしなければなりません。

□□□ **affect(s)** [əfékt　ア**ふェ**クト]

動　…に影響を与える

□□□ **human being(s)** [hjúːmən bíːiŋ　**ヒュ**ーマン　**ビ**ーイング]

名　人間（全体）

□□□ **relate(d)** [riléit　リ**れ**イト]

動　…を（～に）関係させる

□□□ **relate ... to ～**

…を～に関係させる

Let's Write ②
●記事への意見　――投稿文――

□□□ **text(ing)** [tékst　**テ**クスト]

動　携帯電話などでメッセージをおくる

□□□ **drive, driving** [dráiv　ドゥ**ラ**イヴ]

動　運転する

□□□ **illegal** [illíːgl　イ**り**ーグる]

形　違法な

□□□ **What about ...?**

…についてはどう思いますか。

□□□ **Honolulu** [hànəlúːluː　ハナ**る**ーるー]

名　ホノルル［アメリカのハワイ州の州都］

▷ If we lose one species, it **affects** many others.
一つの種を失うと，そのことがほかの多くの種に影響を与えます。

▶ Climate change has **affected** our lives.
気候変動は私たちの生活に影響を与えています。

▶ Why do **human beings** speak?
なぜ人間は話すのでしょうか。

▶ Earth is not only for **human beings**.
地球は人間のためにだけあるのではありません。

▷ We are all **related to** each other.
私たちはみな，お互いに関係をもっています。

▶ All animals are **related to** each other in the ecosystem.
生態系では全ての動物はお互いに関係をもっています。

教科書p.45

▶ **Texting** and driving has become a national problem.
携帯メールを打ちながらの運転は国家的な問題になっています。

▶ Please **text** me if you need my help.
もし私の助けが必要ならメールをください。

▶ I want to develop my **driving** skills.
私は自分の運転技術をみがきたい。

▶ My sister learned how to **drive** a car.
私の姉は車の運転方法を学びました。

▷ Texting and driving is **illegal** in most places.
携帯メールを打ちながらの運転はほとんどの場所で違法です。

▶ It's **illegal** to sell those goods in Japan.
それらの商品を日本で販売することは違法です。

▷ **What about** texting and walking**?**
歩きながら携帯メールを打つことについてはどう思いますか。

▶ **What about** taking a break for 10 minutes**?**
10分休憩を取りませんか。

▶ When we arrived in **Honolulu**, it was sunny.
私たちがホノルルに到着したときは晴れていました。

▶ I'm going to **Honolulu** with my wife next week.
私は来週妻とホノルルに行きます。

□□□	Hawaii [həwáii: ハワイイー]	名	ハワイ[太平洋上にある米国の州]
□□□	ban(ned) [bǽn バあン]	動	…を禁止する
□□□	any [éni エニ；(弱く言うとき)əni エニ]	形	[主に肯定文で]どんな…でも
□□□	more [mɔ́:r モーア]	副	[比較級を作る](〜より)もっと
□□□	decision(s) [disíʒn ディスィジャン]	名	決定，結論
□□□	work [wə́:rk ワ〜ク]	動	努力する，(…に)取り組む
□□□	work on		…に取り組む，従事する
□□□	effective [iféktiv イふェクティヴ]	形	効果的な
□□□	law(s) [lɔ́: ろー]	名	法律，法
□□□	use [jú:s ユース]	名	使うこと，使用

▶ I came to **Hawaii** on vacation.
私は休暇でハワイに来ました。

▶ We first met ten years ago in **Hawaii**.
私たちは10年前にはじめてハワイで会いました。

▷ We cannot **ban** everything.
私たちは全てを禁止することはできません。

▶ Playing baseball is **banned** in the park.
その公園で野球をするのは禁止されています。

▶ **Any** present is welcome.
どんなプレゼントでもけっこうです。

▶ He is taller than **any** other student.
彼はほかのどの生徒より背が高いです。

▶ I'm **more** interested in the future than in the past.
私は過去よりも未来に興味があります。

▶ Love is **more** important than money.
愛はお金よりも大切です。

▶ Do we have to make a **decision** now?
私たちは今決断しなければなりませんか。

▶ We sometimes make an important **decision** in our life.
私たちはときに人生で重要な決定をしなければなりません。

□□□ **on**
[ɑ́n　**ア**ン]

前 【対象】
…に対して，…に

▶ They are **working on** a new idea.
彼らは新しいアイディアに取り組んでいます。

▶ They are **working on** the problems of the school festival.
彼らは文化祭の問題に取り組んでいます。

▶ What is the most **effective** way to learn English?
英語を身につけるための最も効果的な方法は何ですか。

▶ Do you know any **effective** ways to improve your English?
英語力を上達させる効果的な方法を知っていますか。

▷ Do you think more cities should make such a **law**?
より多くの都市がそのような法律をつくるべきだと思いますか。

▶ We have to make a **law** for electronic device use.
私たちは電子機器の使用に関する法律を作らなければなりません。

▷ We need laws for electronic device **use** on the street.
路上での電子機器の使用に関する法律が必要です。

▶ The **use** of fireworks is banned here.
ここでは花火の使用は禁止されています。

□□□ **bother** [báðər **バ**ざ]
名 面倒

□□□ **stop** [stáp ス**タ**ップ]
動 …をとめる，…(するの)をやめる

□□□ **accident(s)** [ǽksidənt **あ**クスィデント]
名 事故

□□□ **choose to**
…することに決める

会話のヒント　あいづち上手になろう！

友達がしゃべっているのを聞いているときに，「うんうん」とか「へぇー」とか，あいづちをうつよね。英語でも，いろんなあいづちのうち方があるよ。

Kevin’s house is so big.(ケビンの家ってすごく大きいんだよ)とだれかが言ったとする。このso[**ソ**ウ]は「とても」っていう意味だ。

それに対して，「ほんとう？」とちょっと驚いたリアクションをするなら，Really?[**リ**ー(ア)り]って言ってみよう。

「へぇー，そうなんだ」と返すなら，この場合はIs it?とかIt is?と言えばいいんだ。このとき，語尾はどれも上げ調子に言おう。

また，次のように相手が言ったときには？

I play soccer.(私はサッカーをするの)

これに対して「へぇー，そうなんだ」と言うときは，You do?とかDo you?と言えばいいんだ。これも語尾を上げ調子にするのをお忘れなく。

ほかにも，次のような言い方なんかがあるよ。

▷ It is a **bother** to stop looking when you cross the street.
通りを渡るときに見ることをやめるのは面倒です。

▶ I don't want to give you any **bother**.
私はあなたにいっさい面倒をかけたくありません。

▶ You must **stop** eating too much.
あなたは食べ過ぎをやめなければなりません。

▶ We should **stop** buying their products now.
私たちはもう彼らの製品を買うのをやめたほうがいいです。

▶ I had a traffic **accident** on my way home.
家に帰る途中で交通事故にあいました。

▶ When I was driving at night, I had a traffic **accident**.
私は夜に車を運転していたとき，交通事故にあいました。

▷ Bike accidents are common, but many people **choose to** ride them anyway.
自転車事故はよく起こりますが，とにかく多くの人が自転車に乗ることを選びます。

▶ We will **choose to** walk to the station.
私たちは駅まで歩くことに決めます。

Uh-huh.[ア**ハ**]（うん）
Yeah, yeah.[**イェ**ア **イェ**ア]（うんうん）
Is that so?（そうなの？）
こっちのsoは「そう」って意味だよ。

あいづちは，「きみの話をちゃんと聞いているよ」っていう態度も表すことになるので，けっこう大切なんだ。相手の話をただ聞いているだけでなく，うまくあいづちをうって会話を楽しめるようになるといいね。

Stage Activity

①My Activity Report

□□□ **report** [ripɔ́ːrt リ**ポ**ート]
名 報告，レポート

□□□ tournament [túərnəmənt **トゥ**アナメント]
名 トーナメント，選手権大会

□□□ they'll [ðéil **ゼ**イる]
= they will

□□□ **most** [móust **モ**ウスト]
副 [動詞を修飾して]いちばん，最も

□□□ corner [kɔ́ːrnər **コ**ーナ]
名 角《かど》，隅

□□□ **kick(s)** [kík **キ**ック]
名 けること，キック

□□□ beginning [bigíniŋ ビ**ギ**ニング]
名 最初の部分

□□□ ending [éndiŋ **エ**ンディング]
名 (物語などの)終わり，結末

□□□ **those** [ðóuz **ゾ**ウズ]
代 あれら，それら，あの[その]人たち

教科書p.48 ～ p.50

▶ I have to write a **report** about climate change.
私は気候変動についてのレポートを書かなければなりません。

▶ Did you write a **report** about the festival?
その祭りについてのレポートを書きましたか。

▶ The tennis **tournament** ended on September 15.
テニスの選手権大会が9月15日に終了しました。

▶ Our school won the baseball **tournament**.
私たちの学校は野球の選手権大会に勝ちました。

▶ We don't know what **they'll** do.
私たちは，彼らが何をするつもりかわかりません。

▶ I think **they'll** be late.
彼らは遅れるだろうと思います。

▷ What are you practicing the **most**?
あなたは何をいちばん練習していますか。

▶ He likes himself the **most**.
彼は自分自身のことがいちばん好きです。

▷ I'm practicing my **corner** kicks.
私はコーナーキックを練習しています。

▶ The school is on the **corner**.
その学校は角にあります。

□□□ corner kick コーナーキック

▶ I must finish my work by the **beginning** of May.
私は５月のはじめまでに自分の仕事を終えなければなりません。

▶ The story was not interesting in its **beginning**.
その物語ははじめのあたりはおもしろくなかった。

▶ You can choose an **ending** for the story.
あなたはその物語の結末を選ぶことができます。

▶ The American movie has a happy **ending**.
そのアメリカ映画はハッピーな結末です。

▷ **Those** will be our last games in junior high.
それらが私たちの中学最後の試合になります。

▶ Are **those** the people you saw last week?
あの人たちが先週あなたが会った人々ですか。

Let's Read ①
A Mother's Lullaby

□□□ **lullaby**
[lʌ́ləbài **ら**らバイ]
名 子守歌

□□□ **road**
[róud **ロ**ウド]
名 道路，道

□□□ **through**
[θrúː す**ルー**]
前 【時間】…の間中

□□□ **hear**
[híə*r* **ヒ**ア]
動 …が聞こえる，…を聞く

□□□ **little**
[lítl **り**トゥる]
形 小さい，かわいい

□□□ **sweet**
[swíːt ス**ウィ**ート]
形 心地よい，やさしい

□□□ **some**
[sʌ́m **サ**ム；(弱く言うとき)səm サム]
副 [数を表す語とともに用いて]約，およそ

□□□ **bomb**
[bám **バ**ム]
名 爆弾

□□□ **fall**
[fɔ́ːl **ふォ**ーる]
動 落ちる，降る

教科書p.52 ～ p.55

▷ I heard a **lullaby** that night, too.
私はその夜も子守歌を聞きました。

▶ I still remember the words of the **lullaby** clearly.
私はその子守歌の歌詞をまだはっきりと覚えています。

▷ A big, old tree stands by a **road** near the city of Hiroshima.
１本の大きな古い木が広島市の近くの道のそばに立っています。

▶ Is this the **road** to London?
これはロンドンへ行く道ですか。

▷ **Through** the years, the tree has seen many things.
何年もの間，その木は多くの物事を見てきました。

▶ He was sleepy **through** the class.
彼はその授業の間中眠かった。

▷ One summer night, the tree **heard** a lullaby.
ある夏の夜，その木は子守歌を聞きました。

▶ I **hear** music coming from the street.
通りから音楽が聞こえます。

▶ They went into the **little** restaurant near the station.
彼らは駅の近くの小さいレストランに入りました。

▶ **Little** children like playing outside.
小さい子供は外で遊ぶことが好きです。

▷ They looked happy, and the song sounded **sweet**.
彼らは幸せそうで，歌はやさしく聞こえました。

▶ Good night! I hope you will have a **sweet** dream.
おやすみ。心地よい夢が見られるといいですね。

▷ It was **some** eighty years ago.
それは約80年前のことでした。

▶ **Some** 7,000 people came to listen to his speech.
約7,000人が彼のスピーチを聞きにやってきました。

▷ On the morning of that day, a big **bomb** fell on the city of Hiroshima.
その日の朝，大きな爆弾が広島市に落ちました。

▶ The group set a **bomb** at the facility.
そのグループは施設に爆弾をしかけました。

▶ A big bomb **fell** on the city of Nagasaki, too.
長崎市にも大きな爆弾が落ちました。

▶ Red and yellow leaves were **falling** to the ground.
赤や黄色の葉が地面に落ちていました。

life	[láif **ら**イふ]	名 生命，命，生き物
injure(d)	[índʒər **イ**ンヂャ]	動 …を傷つける
burn	[bə́ːrn **バ**〜ン]	名 やけど
rest	[rést **レ**スト]	動 休む，眠る
shade	[ʃéid **シェ**イド]	名 陰，日陰
right	[ráit **ラ**イト]	形 健康な，調子がいい
all right		だいじょうぶな
dead	[déd **デ**ッド]	形 死んだ
weak	[wíːk **ウィ**ーク]	形 弱い，かすかな
mommy	[mámi **マ**ミ]	名 お母さん，ママ[momよりは幼い言い方]

▷ Many people lost their **lives**.
多くの人が命を失いました。

▶ Thank you very much. You have saved my **life**.
ありがとうございます。あなたは私の命を救ってくれました。

▶ Many people were killed and **injured** in the accident.
その事故で多くの人が死に，傷つきました。

▶ She was **injured** on the job.
彼女は仕事中にけがをしました。

▶ You are very tired. Please **rest** in bed.
あなたはとても疲れています。ベッドで休んでください。

▶ She doesn't have any time to **rest**.
彼女には休む時間がありません。

▷ Come and rest in my **shade**.
私の陰に来て休みなさい。

▶ I read a book in the **shade** of a large tree.
私は大きな木の陰で本を読みました。

▷ You'll be **all right** soon.
あなたはすぐによくなるでしょう。

▶ You fell down. Are you **all right**?
転びましたね。大丈夫ですか。

▷ Some people were already **dead**.
すでに死んでいる人々もいました。

▶ He was already **dead** in the hotel room.
彼はホテルの部屋ですでに死んでいました。

▷ I heard a **weak** voice. It was a lullaby.
私はかすかな声を耳にしました。それは子守歌でした。

▷ She was very **weak**.
彼女はとても弱っていました。

▶ **Mommy**, can I have some juice?
ママ，ジュース飲んでいいかな。

▶ **Mommy**, where are you?
ママ，どこにいるの。

cry, cried
[krái ク**ラ**イ]
動 泣く

held
[héld **へ**るド]
動 [holdの過去形]

arm(s)
[á:*r*m **ア**ーム]
名 腕

real
[rí:əl **リ**ー(ア)る]
形 本当の，本物の

tightly
[táitli **タ**イトり]
副 しっかりと

while
[*h*wáil (ホ)**ワ**イる]
名 (少しの)時間，(しばらくの)間

after a while
しばらくして

quietly
[kwáiətli ク**ワ**イエトり]
副 静かに，落ち着いて

rose
[róuz **ロ**ウズ]
動 [riseの過去形]

never
[névə*r* **ネ**ヴァ]
副 決して…ない

▷ "Don't **cry**," the girl said.
「泣かないで」と女の子は言いました。

▶ He **cried** when his grandmother died.
彼のおばあさんが死んだとき，彼は泣きました。

▶ I **held** the cute baby.
私はそのかわいい赤んぼうを抱きしめました。

▶ She **held** a cup in her hand.
彼女は手にカップを持ちました。

▶ The mother held her child in her **arms**.
母親は子供を腕の中に抱きかかえました。

▶ She carried her shopping bag on her **arm**.
彼女は腕にショッピングバッグをかけていました。

▶ Now I'm looking at the **real** thing.
今私は実物を見ています。

▶ Do you know the man's **real** name?
あなたはその男性の本名を知っていますか。

▷ She held the boy more **tightly** and began to sing again.
彼女は男の子をさらにしっかりと抱きかかえ，また歌い始めました。

▶ The boy was holding his mother's hand **tightly**.
少年は母親の手をしっかりと握っていました。

▷ **After a while**, the boy stopped crying.
しばらくして，男の子は泣きやみました。

▶ Winter will come **after a while**.
しばらくすると冬がやってきます。

▶ She spoke **quietly** to me.
彼女は静かに私に話しかけてきました。

▶ The little girl was sitting **quietly**.
その幼い女の子は静かに座っていました。

▷ Morning came and the sun **rose**.
朝が来て，太陽がのぼりました。

▶ The sun **rose** in the east.
太陽が東からのぼりました。

▶ I will **never** forget your kindness.
私はあなたの親切を決して忘れないでしょう。

▶ He **never** tells anyone about his past.
彼は自分の過去について決してだれにも話しません。

□□□	**move** [mú:v **ム**ーヴ]	動	動く，引っこす
□□□	nuclear [njú:kliər **ニュ**ークリア]	形	核の，原子力の
□□□	nuclear weapon(s) [njú:kliər wépn **ニュ**ークリア **ウェ**プン]		核兵器
□□□	**peace** [pí:s **ピ**ース]	名	平和
□□□	Peace Memorial Park [pí:s məmɔ́:riəl pá:rk **ピ**ース メ**モ**ーリアる **パ**ーク]	名	平和記念公園
□□□	**sky** [skái ス**カ**イ]	名	空，大空
□□□	cloudless [kláudləs ク**ら**ウドれス]	形	雲のない
□□□	death [déθ **デ**す]	名	死
□□□	Barack Obama [bərá:k oubá:mə バぁ**ラ**ク オウ**バ**ーマぁ]	名	バラク・オバマ[男性名]
□□□	president [prézidənt プ**レ**ズィデント]	名	大統領

▷ The girl never **moved** again.
その少女は二度と動きませんでした。

▶ I'm going to **move** to a new house next week.
来週，新しい家に引っこすつもりです。

▶ We're against the development of **nuclear weapons**.
私たちは核兵器の開発に反対です。

▶ We must not increase the number of **nuclear weapons**.
私たちは核兵器の数を増やしてはいけません。

▶ She made a speech about world **peace**.
彼女は世界平和について演説しました。

▶ She really hoped for **peace** in her country.
彼女は自分の国の平和を真に望みました。

▷ A man gave a speech at the city's **Peace Memorial Park**.
男性は市の平和記念公園で演説を行いました。

▶ You should visit **Peace Memorial Park** to learn something about peace.
平和について何かを学ぶために平和記念公園を訪れるべきです。

▶ I like the blue **sky** very much.
私は青い空がとても好きです。

▶ I feel happy when I see a bright autumn **sky**.
明るい秋の空を見ると幸せな気分になります。

▶ We enjoyed the party under a **cloudless** sky.
私たちは雲一つない空の下でパーティーを楽しみました。

▶ The sky was blue and **cloudless** yesterday.
昨日は空は青く雲一つありませんでした。

▶ After his **death**, his brother became the king.
彼の死後，彼の弟が王になりました。

▶ Do you know the reason for his **death**?
あなたは彼の死の理由を知っていますか。

▶ The **president** talked to elementary school students in the town.
大統領はその町の小学生たちと話をしました。

▶ Many people think that the new **president** is too young.
多くの人が新しい大統領は若すぎると考えています。

□□□	**sitting** [sítiŋ　**スィ**ティング]	形　現職の
□□□	**meant** [mént　**メ**ント]	動　[meanの過去形]
□□□	**guest book**	記名帳
□□□	**agony** [ǽgəni　**あ**ゴニ]	名　激しい痛み
□□□	**war** [wɔ́ː*r*　**ウォ**ーア]	名　戦争
□□□	**courage** [kə́ːridʒ　**カ**〜リッヂ]	名　勇気
□□□	**pursue** [pə*r*súː　パ**ス**ー]	動　…を追い求める
□□□	**fold(ed)** [fóuld　**ふォ**ウるド]	動　…を折る，折りたたむ
□□□	**paper crane(s)** [péipə*r* kréin　**ペ**イパ ク**レ**イン]	名　折り鶴
□□□	**left** [léft　**れ**ふト]	動　[leaveの過去形]

▷ He became the first **sitting** U.S. president to visit Hiroshima.
彼は広島を訪問したはじめての現職のアメリカ大統領になりました。

▶ He was the first **sitting** mayor to visit the museum.
彼はその博物館を訪れたはじめての現職の市長でした。

▷ It **meant** a lot to the city, to Japan, and to the world.
それはこの市，日本，そして世界にとって大きな意味がありました。

▶ Money **meant** nothing to him because he was old.
彼は年老いていたのでお金は彼にとって無意味でした。

▷ In its **guest book**, he left these words.
その記名帳に，彼はこれらの言葉を残しました。

▶ In the **guest book**, he wrote the poem to show his wish for peace.
その記名帳に，彼は平和への願いを表す詩を書きました。

▷ We have known the **agony** of war.
私たちは戦争の苦痛を知っています。

▶ The boy was injured in the accident and cried in **agony**.
その少年は事故で負傷して激しい痛みで泣きました。

▶ Japan lost the **war** in 1945.
1945年に日本は戦争に敗れました。

▶ After the **war**, he worked as a teacher.
戦争の後，彼は教師として働きました。

▶ You must have the **courage** to change your life.
あなたは自分の人生を変える勇気をもたなければなりません。

▶ The girl had the **courage** to say “No.”
その少女には「いいえ」と言う勇気がありました。

▶ What dream do you **pursue**?
あなたはどんな夢を追いかけますか。

▶ You must not forget to **pursue** your dream.
あなたは自分の夢を追い求めることを忘れてはいけません。

▶ Could you **fold** their clothes?
彼らの服をたたんでもらえますか。

▶ He **folded** the paper in half and put it in his pocket.
彼は紙を半分に折り，それをポケットに入れました。

▶ They folded **paper cranes** for peace.
彼らは平和のために折り鶴を折りました。

▶ The girl folded **paper cranes** for her grandmother to get well soon.
その少女はおばあさんが早く元気になるように折り鶴を折りました。

▷ He also **left** two paper cranes there.
彼はまた，そこに２羽の折り鶴を置いていきました。

▶ She **left** the note on the table.
彼女はテーブルの上にメモを置いていきました。

☐☐☐ **close(d)** [klóuz　ク**ろ**ウズ]　㊍動 …を閉じる，終える

☐☐☐ **through** [θrúː　す**ルー**]　㊍前 **【貫通】** …を通り抜けて

☐☐☐ go through　(人生・生活)をおくる

☐☐☐ worth [wə́ːrθ　**ワ**〜す]　㊍形 …の価値がある →worth ...ing

☐☐☐ worth ...ing　…するだけの価値がある

☐☐☐ extend(ing) [iksténd　イクス**テ**ンド]　㊍動 …を広げる

☐☐☐ **every** [évri　**エ**ヴリ]　㊍形 どの…もみな

歴史と文化　ヒロシマ，ナガサキを忘れないで

「ヒロシマ」「ナガサキ」の2つの地名は世界中に知られている。でも，それは悲しい歴史ゆえだ。

1945年8月6日，この地球上ではじめて原子爆弾が投下された。それが日本の広島だったんだ。そして，同年の8月9日，長崎にも落とされた。その結果，第二次世界大戦を日本は降伏という形で終えることになった。

▶ I'll **close** my speech today with a beautiful song.
本日私はスピーチの最後を美しい歌でしめくくります。

▶ The city library **closes** at 5:30.
市立図書館は５時30分に閉館します。

▷ The children of this city will **go through** their day in peace.
この市の子供たちは平和な人生をおくることでしょう。

▶ My father **went through** a lot of difficult times in his life.
父は人生で多くの困難な時期をおくりました。

▶ The new movie is **worth seeing**.
その新しい映画は見る価値があります。

▶ All of these art goods are **worth buying**.
これらのアート商品は全て買う価値があります。

▶ He **extended** his stay until Saturday.
彼は土曜日まで滞在を延ばしました。

▶ It's important to **extend** your knowledge on the history of your country.
自分の国の歴史についての知識を広げることは大切です。

▷ It is worth protecting, and then extending to **every** child.
それは守る価値があり，そして全ての子供に広げる価値があります。

▶ **Every** house in this area is very large.
この地域ではどの家もみな大きいです。

原爆は広島と長崎でたいへん多くのいのちを奪った。その被害があまりにも大きく，悲惨であることから，原爆はそのあと，戦争では実際に使われたことがない。

だから，日本は世界でただ1つの原爆の被害を受けた国，被爆国なんだ。爆心地にあり，その後，「原爆ドーム」と呼ばれるようになった建物は世界文化遺産にもなった。この地球上で核兵器が二度と使われないようにと願い，そしてその決意のシンボルとして，人類全体で守っていくためだ。

Unit 4 Be Prepared and Work Together

扉

- **prepared** [pripéərd　プリペアド]　形　用意ができている，備えた
- **disaster** [dizǽstər　ディザぁスタ]　名　災害
- **sign** [sáin　サイン]　名　標識

Scene ①

- **shelter** [ʃéltər　シェるタ]　名　避難所
- **number** [nʌ́mbər　ナンバ]　名　番号
- **store** [stɔ́ːr　ストーア]　動　…を蓄える
- **in case of**　…の場合には
- **fire** [fáiər　ふァイア]　名　火事，火災

教科書p.57

▶ Be **prepared** for a natural disaster.
自然災害に備えなさい。

▶ You must be **prepared** for your presentation.
あなたはプレゼンテーションの準備ができていなければなりません。

▷ How can we help each other in a **disaster**?
災害時に私たちはどうやってお互いに助け合うことができるでしょう。

▶ We don't know when a **disaster** will happen.
災害はいつ起こるのか私たちにはわかりません。

▶ There is a road **sign** at the second corner.
道路標識が２番めの角にあります。

▶ What does this **sign** say?
この標識は何を表していますか。

教科書p.59

▷ I know where the local **shelter** is.
私は地元の避難所がどこにあるか知っています。

▶ The local **shelter** is the elementary school.
地元の避難所は小学校です。

▷ Please circle the **number(s)**.
数字を丸で囲んでください。

▶ Please tell me your phone **number**.
電話番号を教えてください。

▶ We always **store** our data on computers.
私たちは常にデータをコンピュータに保存しています。

▶ We must **store** enough food and water to be prepared for any disaster.
私たちは災害に備えるために十分な食料と水を蓄えなければなりません。

▷ I know what number I should call **in case of** a fire.
火事の場合には，何番に電話すればいいか知っています。

▶ What should I do **in case of** an accident?
事故にあった場合には，どうしたらいいですか。

extinguisher
[ikstíŋgwiʃər　イクス**ティ**ングウィシャ]
名　消火器
= fire extinguisher

survey
[sə́ːrvei　**サ**〜ヴェイ]
名　調査

Scene ②

emergency
[imə́ːrdʒənsi　イ**マ**〜ヂェンスィ]
名　緊急事態

kit
[kít　**キ**ット]
名　道具[用具]一式

done
[dʌ́n　**ダ**ン]
動　[doの過去分詞]

keep
[kíːp　**キ**ープ]
動　(ずっと)…を持っている，預かる

contact
[kɑ́ntækt　**カ**ンタぁクト]
動　…と連絡をとる

hasn't
[hǽznt　**ハぁ**ズント]
= has not

made
[méid　**メ**イド]
動　[makeの過去分詞]

▷ I know how to use a fire **extinguisher**.
私は消火器の使い方を知っています。

▶ Can you use a fire **extinguisher**?
あなたは消火器を使うことができますか。

▶ According to the **survey**, they don't have enough time to relax.
調査によると，彼らにはくつろぐための十分な時間がありません。

▶ The **survey** result shows that many people are prepared for a disaster.
その調査結果は，多くの人が災害に備えていることを示しています。

教科書p.60

▶ Do you know what you should do in an **emergency**?
緊急時には何をするべきか知っていますか。

▶ In an **emergency**, call me for help.
緊急時には，私に電話して助けを求めなさい。

▶ Today is the day to check our disaster **kit**.
今日は災害道具一式をチェックする日です。

▶ Do you know where the art **kit** is?
美術道具一式がどこにあるか知っていますか。

▷ Tell me what you've **done**.
あなたがしたことを私に話してください。

▶ He has **done** his work well.
彼は自分の仕事をりっぱになしとげています。

▷ We **keep** an emergency kit in our home.
私たちは自分の家に緊急道具一式を置いています。

▶ Can you **keep** it for me until next week?
それを来週まで預かっておいてもらえますか。

▷ We've also decided how to **contact** each other during a disaster.
私たちはまた災害の間にお互いに連絡をとる方法も決めています。

▶ You can always **contact** me if you need my help.
もし私の助けが必要になったらいつでも私に連絡をしていいです。

▶ She **hasn't** arrived at school yet.
彼女はまだ学校に到着していません。

▶ He **hasn't** finished his homework yet.
彼はまだ宿題を終えていません。

▷ Actually, my family hasn't **made** an emergency kit yet.
実は，私の家族はまだ緊急道具一式をつくっていません。

▶ He has **made** much effort to get over the difficult challenge.
彼はその困難な問題を乗りこえるために多くの努力をしてきました。

□□□ link
[líŋk **り**ンク]
名 リンク，接続

Read and Think ①

□□□ **case**
[kéis **ケ**イス]
名 事例

□□□ earthquake
[ə́ːrθkwèik **ア**〜すクウェイク]
名 地震

□□□ **begin**
[bigín ビ**ギ**ン]
動 始まる

□□□ **terrible**
[térəbl **テ**リブる]
形 ひどい

□□□ shaking
[ʃéikiŋ **シェ**イキング]
名 揺れ

□□□ parking lot
[pɑ́ːrkiŋ làt **パ**ーキング らット]
名 駐車場

□□□ drove
[dróuv ドゥ**ロ**ウヴ]
動 [driveの過去形]

□□□ scared
[skéərd ス**ケ**アド]
形 (…を)こわがって

▷ I can send you a **link**.
あなたにリンクを送信できます。

▶ There is a strong **link** between mother and child.
母と子の間には強いつながりがあります。

教科書p.62 ～ p.63

▶ More than two hundred people died in the **earthquake**.
その地震で200人をこえる人が亡くなりました。

▶ Many houses were destroyed in the **earthquake**.
その地震で多くの家が破壊されました。

▶ Classes in our school **begin** at 8:20 a.m.
私たちの学校の授業は午前８時20分に始まります。

▶ Evening performances **begin** between 6:00 and 7:00.
夜の公演は６時から７時の間に始まります。

▶ I can’t follow such a **terrible** idea.
私はそんなひどい考えには従えません。

▶ I have a **terrible** headache now.
今ひどい頭痛がします。

▶ Did you feel the ground **shaking**?
あなたは地面の揺れを感じましたか。

▶ What will you do first if you feel the **shaking** of the earthquake?
地震の揺れを感じたらあなたは最初に何をしますか。

▶ I found my car in a **parking lot** near my house.
私は家の近くの駐車場で自分の車を見つけました。

▶ I couldn’t find any **parking lot** last Sunday.
先週の日曜日，駐車場が全然見つかりませんでした。

▷ We **drove** to a supermarket parking lot.
私たちはスーパーマーケットの駐車場まで車で行きました。

▶ We **drove** through the town.
私たちは車でその町を通り抜けました。

▶ He looked **scared** when the cat ran to him.
ネコが彼の方に走ってきたとき，彼はこわがっているように見えました。

▶ I was very **scared** when I saw a bear.
私はクマを見たとき，とてもこわかったです。

to	[tú:　**トゥ**ー；(弱く言うとき)(子音の前で)tə　タ；(母音の前で)tu　トゥ]	前	**【不定詞(副詞的)】**…するには，…するのに
too ... to ～			～するには…すぎる，あまりにも…なので～できない
get out			外へ出る
finally	[fáinəli　**ふァ**イナり]	副	ついに，やっと
pass by			通り過ぎる
guide	[gáid　**ガ**イド]	動	…を案内する
on the way back			帰る途中で
announcement(s)	[ənáunsmənt　ア**ナ**ウンスメント]	名	アナウンス，発表
latest	[léitist　**れ**イテスト]	形	最近の，最新の
fortunately	[fɔ́:rtʃənitli　**ふォ**ーチュネトり]	副	幸運にも

▶ I was **too** tired **to** run.
私は走るには疲れすぎていました。

▶ My sister is **too** young **to** understand the book.
私の妹はあまりにも幼いのでその本を理解できません。

▶ **Get out** of here!
ここから出ていけ。

▶ A famous singer **got out** of a taxi.
有名な歌手がタクシーから外に出ました。

▶ I **finally** finished my report.
私は報告書をやっと完成させました。

▶ My dream of becoming a nurse **finally** came true.
看護師になるという私の夢はついに実現しました。

▷ We spoke to a police officer **passing by**.
私たちは通り過ぎていく警察官に話しかけました。

▶ A woman **passing by** asked me the way to the station.
通りすがりの女性が私に駅への道をたずねました。

▷ He **guided** us to the local shelter.
彼は私たちを地元の避難所に案内してくれました。

▶ The teacher **guides** us around his school.
先生が学校を案内してくれます。

▷ **On the way back**, there was a big earthquake.
帰る途中で，大地震にあいました。

▶ Let's have lunch **on the way back**.
帰る途中で昼食を食べましょう。

▷ The **announcements** at the station were in Japanese.
駅のアナウンスは日本語でした。

▶ I was very surprised at the **announcement** of the actor's death.
私はその俳優の死についての発表にとても驚きました。

▶ You can learn about the **latest** technology.
あなたは最新の技術について学ぶことができます。

▶ The website gives us the **latest** information of the town.
そのウェブサイトは町の最新情報を私たちに与えてくれます。

▶ **Fortunately**, we all survived.
幸運にも，私たち全員が生き残りました。

▶ **Fortunately**, my father came back from the war.
幸運にも，父は戦争から帰ってきました。

traveler(s)
[trǽvələr トゥ**ラぁ**ヴェら]
名 旅行者

go back
帰る，戻る

Read and Think ②

every year
毎年

grow
[gróu グ**ロ**ウ]
動 成長する，増加する

many
[méni **メ**ニ]
代 多数(の人[もの])

what to
何を…すべきか

evacuation
[ivækjuéiʃn イヴぁキュ**エ**イシャン]
名 避難

drill
[dríl ドゥ**リ**る]
名 訓練，ドリル

evacuation drill
名 避難訓練

▷ There was a woman speaking to some **travelers** in English.
何人かの旅行者に英語で話しかけている女性がいました。

▶ The **traveler** told me an interesting story.
その旅行者は私におもしろい話をしてくれました。

▷ She told us how to **go back**.
彼女は私たちに帰る方法を教えてくれました。

▶ I told a few foreign people how to **go back** to the nearest station.
私は数人の外国人に最も近い駅への戻り方を教えました。

教科書p.64 ～ p.65

▶ School festival is held in our school in fall **every year**.
私たちの学校では文化祭は毎年秋に行われます。

▶ A lot of tourists visit Kyoto **every year**.
毎年たくさんの観光客が京都を訪れます。

▷ The number of tourists visiting Japan is **growing**, too.
日本を訪れる観光客の数も増加しています。

▶ The older population is **growing** quickly.
高齢者の人口が急速に増加しています。

▶ **Many** of the pictures in the exhibition were very beautiful.
その展示会の絵の多くはとても美しかったです。

▶ **Many** of his fans want him to play in Japan.
彼のファンの多くは彼に日本でプレーしてほしいと思っています。

▷ Many of them don't know **what to** do in an earthquake.
彼らの多くは地震のときに何をすべきかがわかりません。

▶ I didn't know **what to** say to her.
私は彼女に何を言うべきかわかりませんでした。

▶ They stayed in an **evacuation** center after the disaster.
災害のあと，彼らは避難所に滞在しました。

▶ Check your local government's website to find your **evacuation** area.
自治体のウェブサイトをチェックして避難地域を確認してください。

▶ The **drill** started at elementary school at 8 a.m. Sunday.
訓練は日曜日の午前８時に小学校で始まりました。

▶ Please tell me when and where the **drill** will begin.
いつどこで訓練が始まるか教えてください。

□□□ **resident(s)** [rézidənt **レ**ズィデント]
名 住民，居住者

□□□ **visitor(s)** [vízitər **ヴィ**ズィタ]
名 観光客

□□□ **simulation(s)** [sìmjəléiʃn シミュ**れ**イシャン]
名 シミュレーション

□□□ **themselves** [ðəmsélvz ゼム**セ**るヴズ]
代 彼ら[彼女ら，それら]自身を[に]

□□□ **instruction(s)** [instrʌ́kʃn インストゥ**ラ**クシャン]
名 指示

□□□ **given** [gívn **ギ**ヴン]
動 [giveの過去分詞]

□□□ **hand** [hǽnd **ハあ**ンド]
動 …を手渡す

□□□ **hand out**
…を配る

□□□ **simple** [símpl **スィ**ンプる]
形 単純な，簡単な

□□□ **interview(ed)** [íntərvjùː **イ**ンタヴュー]
動 …にインタビューする

▶ I think that he is a **resident** of the village.
彼は村の住人だと思います。

▶ An evacuation map written in English is helpful to foreign **residents**.
英語で書かれた避難地図は外国人の住民にとって役に立ちます。

▶ Many **visitors** will visit the event from everywhere in Japan.
日本のあらゆるところから多くの観光客がそのイベントにやってきます。

▶ Many **visitors** from abroad are interested in Japanese culture.
外国からの多くの観光客は日本文化に興味を持っています。

▷ They experienced some **simulations**.
彼らはいくつかのシミュレーションを経験しました。

▶ The earthquake **simulation** looks quite natural.
その地震シミュレーションはとても自然に見えます。

▷ They learned how they can protect **themselves**.
彼らは自分たちを守ることができる方法を学びました。

▶ Students learned how to protect **themselves** in an evacuation drill.
生徒たちは避難訓練で自分を守る方法を学びました。

▶ He gave **instructions** to his staff.
彼は従業員に指示を与えました。

▶ Please read **instructions** written in English.
英語で書かれた指示を読んでください。

▷ They followed instructions **given** in English.
彼らは英語で与えられた指示に従いました。

▶ I was **given** a bike for my birthday.
私は誕生日に自転車を与えられました。

▶ Can you **hand** me the towel?
タオルを渡してくれませんか。

▶ He **handed** the girl a note when he left the room.
彼は部屋を出るとき，少女にメモを手渡しました。

▶ She **handed out** drinks and food to us.
彼女は私たちに飲み物と食べ物を配りました。

▶ Some volunteers **handed out** food to hungry children.
数人のボランティアが空腹の子供たちに食べ物を配りました。

▶ His plan was very **simple**.
彼の計画はとても単純でした。

▶ Even **simple** information written in English is useful for foreign people.
英語で書かれた簡単な情報でも外国人にとって役に立ちます。

▷ We **interviewed** some students at the school.
私たちは学校の生徒たちにインタビューしました。

▶ I want to **interview** the famous chef.
私はその有名なシェフにインタビューしたいです。

□□□	**start** [stáːrt　ス**タ**ート]	名　始まり，スタート

Let's Talk ②

●町中での手助け　――申し出る――

□□□	**can** [kǽn　**キぁ**ン；(弱く言うとき)kən　カン]	助　【申し出】 Can I ...?　…しましょうか。
□□□	That's very kind of you.	どうもご親切にありがとうございます。
□□□	would like ... to ～	…に～してほしい(のですが)

豆マメ知識　世界地図のふしぎ

きみは欧米で作られた世界地図を見たことがある？

日本で見る世界地図は，太平洋が中心にきているけれど，欧米の地図では，大西洋が中心になっているのがふつうだよ。だから，ずいぶんちがった感じがする。

そういう地図では，日本は東のはしっこにある。だから，日本を含むこのあたりの国々が,「東の果て」という意味でthe Far East[ざ**ふァー イ**ースト]と表されたりもするんだ。

そして，南半球にあるオーストラリアは，太平洋が中心の地図でも，大西洋が中心の地図でも，あたりまえだけど，いつも赤道の下に描かれる。

だから，オーストラリアの人たちは,「今度はいつオーストラリアに来るの？」とたずねるときに,「今度はいつ下におりてくるの？」なんてたずねたりするんだ。

▷ Yesterday was a good **start**.
昨日はよいスタートを切りました。

▶ I want to have a good **start** in learning English.
私は英語を学ぶ上でよいスタートを切りたいです。

教科書p.67

▷ Excuse me. **Can** I help you?
すみません，お手伝いしましょうか。

▶ **Can** I show you something?
何かお見せしましょうか。

▶ **That's very kind of you**, Ken.
ご親切にどうもありがとう，ケン。

▶ Shall I tell you how to buy a ticket? − **That's very kind of you**.
切符の買い方を教えましょうか。一どうもご親切にありがとうございます。

▷ **Would** you **like** me **to** carry your umbrella or something?
傘などお持ちしましょうか。

▶ I **would like** you **to** tell me where I can get more information.
どこでもっと情報が得られるかを教えてほしいのですが。

でも，たまには気分を変えて上下をさかさまにしたい！　ってことで，オーストラリアでは南北がさかさまになった地図もよく売られているよ。日本も見慣れた方向と逆になっているので，新鮮な感じがする。

地球は丸いんだから，ほんとうは「東の果て」も「上下」もないんだけどね。

Unit 5 A Legacy for Peace

扉

legacy [légəsi　**れ**ガスィ]
名　遺産

Gandhi [gá:ndi:　**ガ**ーンディー]
名　ガンディー[姓]

Scene ①

Mahatma [məhá:tmə　マ**ハ**ートマ]
名　マハトマ[敬称]

print [prínt　プ**リ**ント]
動　…を印刷する

Indian [índiən　**イ**ンディアン]
形　インドの，インド人の

rupee [ru:pí:　ルー**ピ**ー]
名　ルピー

note [nóut　**ノ**ウト]
名　紙幣

person [pə́:rsn　**パ**～スン]
名　人，個人

教科書p.71

▶ My father left this land as his **legacy**.
父はこの土地を遺産として残しました。

▶ We should try to preserve the cultural **legacy** of our country.
私たちは自国の文化遺産の保存に努めるべきです。

▷ What do you know about **Gandhi**?
ガンディーについて何を知っていますか。

教科書p.73

▷ His name is **Mahatma** Gandhi.
彼の名前はマハトマ・ガンディーです。

▶ It's a letter written by **Mahatma** Gandhi.
それはマハトマ・ガンディーによって書かれた手紙です。

▶ A New Year's message was **printed** on the card.
新年のメッセージがはがきに印刷されていました。

▶ The image of the actor was **printed** on the T-shirt.
その俳優の肖像がTシャツに印刷されていました。

▷ His birthday is now an **Indian** national holiday.
彼の誕生日は今ではインドの国民の祝日になっています。

▶ **Indian** technology has an amazing power.
インドの科学技術は驚くべき力を持っています。

▷ His image is printed on all Indian **rupee** notes.
彼の肖像は全てのインドのルピー紙幣に印刷されています。

▶ Who is printed on **rupee** notes?
ルピー紙幣に印刷されているのはだれですか。

▶ I think she's the best **person** for the job.
私は，彼女がその仕事に最もふさわしい人だと思います。

▶ I will introduce the best **person** for the new plan to you.
新しい計画に最もふさわしい人をあなたに紹介しましょう。

□□□ **respect**
[rispékt　リス**ペ**クト]
動　…を尊敬する，尊重する

□□□ **greatly**
[gréitli　グ**レ**イトり]
副　おおいに，非常に

□□□ **born**
[bɔ́ːrn　**ボ**ーン]
動　be born 生まれる

□□□ **international**
[ìntərnǽʃənl　インタ**ナぁ**ショヌる]
形　国際的な

□□□ **non-violence**
[nànváiələns　ナン**ヴァ**イオれンス]
名　非暴力

Scene ②

□□□ **independence**
[ìndipéndəns　インディ**ペ**ンデンス]
名　独立

□□□ **who**
[húː　**フ**ー]
代　[関係代名詞]
…である[する]ところの

□□□ **violence**
[váiələns　**ヴァ**イオれンス]
名　暴力

□□□ **fight**
[fáit　**ふァ**イト]
動　たたかう

▶ We must **respect** each other.
私たちはお互いを尊重しなければなりません。

▶ My grandmother is the person I **respect** most.
祖母は私が最も尊敬する人です。

▶ The singer has influenced me **greatly**.
その歌手は私におおいに影響を与えました。

▶ My school's image has improved **greatly**.
私の学校のイメージがおおいに良くなってきました。

▶ The boy was **born** in 1952 in Okinawa.
少年は1952年に沖縄で生まれました。

▶ The great doctor was **born** in Meiji era.
その偉大な医師は明治時代に生まれました。

▶ English is an **international** language.
英語は国際的な言語です。

▶ I'm going to make a speech at the **international** conference next week.
来週私は国際会議でスピーチをする予定です。

▶ He spread the message of **non-violence** to the world.
彼は非暴力のメッセージを世界に広げました。

▶ He continued to tell us the true meaning of **non-violence**.
彼は私たちに非暴力の本当の意味を知らせ続けました。

教科書p.74

▷ How did Gandhi work for Indian **independence**?
ガンディーはインドの独立のためにどのような働きをしましたか。

▶ Gandhi did much for Indian **independence**.
ガンディーはインドの独立のために多くのことを行いました。

▷ Gandhi is a man **who** has influenced a lot of people.
ガンディーは多くの人に影響を与えてきた男性です。

▶ The woman **who** wrote the book will come to the bookstore soon.
その本を書いた女性がまもなくその書店にやってきます。

▷ He never used **violence**.
彼は決して暴力を使いませんでした。

▶ **Violence** in schools is a big problem in this country.
校内暴力はこの国で大きな問題になっています。

▶ I'm **fighting** for the future of my own country.
私は自分の国の未来のためにたたかっています。

▶ He is **fighting** for his life.
彼は生きるためにたたかっています。

□□□ **right** [ráit **ラ**イト] 名 権利

□□□ human rights 人権

□□□ go on …をする，始める

□□□ fast(s) [fǽst **ふぁ**スト] 名 断食《だんじき》(の期間)

□□□ protest [prətést プロ**テ**スト] 動 抗議する

□□□ **little** [lítl **り**トゥる] 形 ほとんど(ない)

□□□ tough [tʌ́f **タ**ふ] 形 困難な，難しい

Read and Think ①

□□□ movement [múːvmənt **ム**ーヴメント] 名 (政治的・社会的な)運動

□□□ lawyer [lɔ́ːjər **ろ**ーヤ] 名 弁護士

▶ Everybody has a **right** to ask questions.
だれにでも質問する権利があります。

▶ We must learn more about civil **rights**.
私たちはもっと公民権について学ばなければなりません。

▶ They should work to protect **human rights** in the country.
彼らは国の人権を守るために活動するべきです。

▶ They have been fighting for **human rights** for many years.
彼らは長年人権のために戦っています。

▶ The new bicycle will **go on** sale on July 15.
その新しい自転車は７月15日に販売を開始します。

▶ He **went on** a fast to fight for human rights.
彼は人権のためにたたかおうと断食を始めました。

▶ The students **protested** against the school.
生徒たちは学校に抗議しました。

▶ He started singing the song to **protest** the war.
彼は戦争に抗議するためにその歌を歌い始めました。

▷ A “fast” means eating **little** or no food.
「断食」とは，食べ物をほとんどまたは全く食べないことを意味します。

▶ I have **little** time to do my homework.
宿題をする時間がほとんどありません。

▷ That sounds **tough**.
それは難しそうですね。

▶ Kaori really had a **tough** time.
カオリは本当につらい思いをしました。

教科書p.76～p.77

▶ The war started the peace **movement**.
その戦争をきっかけに平和運動が始まりました。

▶ The young student will lead the **movement** to stop global warming.
その若い生徒は地球温暖化防止の運動を先導するでしょう。

▷ Gandhi moved to South Africa to work as a **lawyer** in 1893.
ガンディーは1893年に弁護士として働くために南アフリカに引っこしました。

▶ The boy is studying hard to become a **lawyer** in the future.
その少年は将来弁護士になるために一生懸命勉強しています。

South Africa [sàuθ ǽfrikə　サウす　**あ**ふリカ]	名	南アフリカ［国名］
British [brítiʃ　ブ**リ**ティッシ]	名形	イギリス［英国］人，イギリス［英国，イギリス人］の
rule [rú:l　**ル**ーる]	名	支配，統治
at that time		その当時（には）
discrimination [diskrìmənéiʃn　ディスクリミ**ネ**イシャン]	名	差別
Indian [índiən　**イ**ンディアン]	名	インド人
freely [frí:li　ふ**リ**ーり]	副	自由に
sidewalk [sáidwɔ̀:k　**サ**イドウォーク]	名	歩道
that [ðǽt　**ざぁ**ット；（弱く言うとき）ðət　ざト]	代	［関係代名詞］ …である［する］ところの
accept [əksépt　アク**セ**プト]	動	…を受け入れる

▶ I ate sushi at a restaurant in **South Africa**.
私は南アフリカのレストランですしを食べました。

▶ The rugby team in **South Africa** is very strong.
南アフリカのそのラグビーチームはとても強いです。

▶ The country was still under Chinese **rule** at that time.
その国は当時まだ中国の支配下にありました。

▶ People wanted to be free from the king's **rule**.
人々は国王の支配から自由になりたいと思いました。

▷ South Africa was under British rule **at that time**.
南アフリカは当時イギリスの支配下にありました。

▶ **At that time**, I was a child.
その当時，私は子供でした。

▶ I think **discrimination** is like violence.
私は差別は暴力のようなものだと思います。

▶ They are fighting against **discrimination**.
彼らは差別とたたかっています。

▶ May I speak **freely**?
自由に話してもいいですか。

▶ She speaks more **freely** with her friends than her family.
彼女は家族より友達と自由に話します。

▷ Indians could not go out at night freely or walk on the **sidewalk**.
インド人は夜に自由に外出したり歩道を歩いたりすることができませんでした。

▶ The **sidewalk** was crowded with foreign people.
歩道は外国人で混雑していました。

▶ What happened to the poster **that** was on the wall?
壁にはってあったポスターはどうしましたか。

▶ Ms. Kimura is the teacher **that** teaches history.
キムラ先生は歴史を教える先生です。

▷ There were also hotels that did not **accept** Indian guests.
インド人の宿泊客を受け入れないホテルもありました。

▶ She cannot **accept** the new plan.
彼女はその新しい計画を受け入れることができません。

□□□	**even** [íːvn **イ**ーヴン]	副	[比較級を強調して]さらにいっそう
□□□	unfair [ʌnféə*r* アン**ふェ**ア]	形	不公平な，不当な
□□□	**angry** [ǽŋgri **あ**ングリ]	形	怒った，腹を立てた
□□□	stand up		立ち上がる
□□□	**lead** [líːd **り**ード]	動	…を導く，…を先導する
□□□	even if		たとえ…だとしても
□□□	arrest(ed) [ərést ア**レ**スト]	動	…を逮捕する
□□□	sent [sént **セ**ント]	動	[sendの過去分詞]
□□□	non-violent [nànváiələnt ナン**ヴァ**イオれント]	形	非暴力の
□□□	colony [kálənì **カ**らニ]	名	植民地

▶ I'll work **even** harder to make more money.
私はもっとお金を稼ぐためにより一生懸命働きます。

▶ The actor is **even** more popular in China than in his own country.
その俳優は自国よりも中国の方がさらに人気があります。

▶ They work under **unfair** conditions.
彼らは不公平な状況のもとで働いています。

▶ This rule is **unfair** to girls.
このルールは女の子にとって不公平です。

▶ Are you still **angry** with him?
あなたはまだ彼に腹を立てているのですか。

▶ The teacher was **angry** with him because he was late for her class.
先生は彼が授業に遅れたので腹を立てていました。

▶ **Stand up** against violence with us!
暴力に反対して私たちとともに立ち上がろう。

▶ All the students **stood up** when the teacher came in.
先生が入ってきたとき，生徒全員は起立しました。

▶ She will **lead** the team to the championship.
彼女はチームを優勝へと導くでしょう。

▶ You have to decide who is going to **lead** the group.
あなたはだれがグループを先導するかを決めなければいけません。

▶ Eat breakfast **even if** you aren't hungry.
たとえおなかがすいていなくても，朝ごはんを食べなさい。

▶ **Even if** they are against the plan, I'll do it.
たとえ彼らがその計画に反対しても，私はやります。

▶ He didn't follow the law and was **arrested** by the police.
彼は法律にしたがわず，警察に逮捕されました。

▶ The police **arrested** him because he stole the woman's money.
その女性のお金を盗んだので警察は彼を逮捕しました。

▶ I have already **sent** an e-mail to her.
私はもう彼女にEメールを送りました。

▶ A box of apples was **sent** to me by my grandfather.
祖父からりんご１箱が私に送られてきました。

▶ About fifteen thousand people joined the **non-violent** movement.
約15,000人が非暴力運動に参加しました。

▶ **Non-violent** movements can be effective.
非暴力運動が効果的な場合があり得ます。

▷ India was also a British **colony**.
インドもイギリスの植民地でした。

▶ The country was a Japanese **colony**.
その国は日本の植民地でした。

☐☐☐ in those days
そのころは，当時は

☐☐☐ salt
[sɔ́:lt　**ソ**ーるト]
名　塩，食塩

☐☐☐ tax
[tǽks　**タぁ**ックス]
名　税，税金

☐☐☐ expensive
[ikspénsiv　イクス**ペ**ンスィヴ]
形　高価な，費用のかかる

☐☐☐ thought
[θɔ́:t　**そ**ート]
動　[thinkの過去形]

☐☐☐ follower(s)
[fálouər　**ふァ**ろウア]
名　信奉者，支持者

☐☐☐ start
[stá:*r*t　ス**ター**ト]
動　始まる，出発する，開始する

☐☐☐ thousand
[θáuznd　**さ**ウザンド]
名形　1,000（の）

☐☐☐ thousands of
何千もの，多くの

☐☐☐ almost
[ɔ́:lmoust　**オ**ーるモウスト]
副　ほとんど

▶ **In those days**, most university students read this book.
当時は，大部分の大学生はこの本を読んでいました。

▶ Many people didn't have much money **in those days**.
当時は，多くの人はあまりお金をもっていませんでした。

▷ Only the British could produce or sell **salt**.
イギリス人だけが塩の生産または販売をすることができました。

▶ Put some **salt** in the soup.
スープにいくらか塩を入れなさい。

▶ The government will increase **taxes**.
政府は増税するでしょう。

▶ Why do we have to pay the **tax** to the government?
私たちはなぜ政府に税金を払わなければならないのですか。

▶ My father wants to buy an **expensive** car.
私の父は高価な自動車を買いたいと思っています。

▶ The bag made in America is **expensive**.
そのアメリカ製のかばんは高いです。

▶ She **thought** it was necessary to fight against discrimination.
彼女は差別と戦うことが必要だと思いました。

▶ I **thought** the game was unfair to the team.
その試合はそのチームに不公平だと私は思いました。

▶ He has two hundred thousand **followers** already.
彼にはすでに20万人の支持者がいます。

▶ The soccer team has more than twenty thousand **followers**.
そのサッカーチームには２万人をこえる支持者がいます。

▷ He **started** with 78 followers.
彼は78人の支持者とともに出発しました。

▶ The school in Japan **starts** in April.
日本の学校は４月に始まります。

▷ **Thousands of** people joined him on the way.
途中で何千人もの人々が彼に加わりました。

▶ **Thousands of** his fans were waiting there for him.
何千人ものファンがそこで彼を待っていました。

▶ He is **almost** fifteen years old.
彼はもうすぐ15歳になります。

▶ I have seen **almost** all of her movies.
私は彼女の映画をほとんど全て見ました。

□□□	kilometer(s) [kilámitər　キ**ら**ミタ]	名	キロメートル
□□□	**reach(ed)** [rí:tʃ　**リ**ーチ]	動	…に着く，到着する
□□□	march [má:rtʃ　**マ**ーチ]	名	行進，マーチ
□□□	the Salt March		塩の行進
□□□	**news** [njú:z　**ニュ**ーズ]	名	ニュース，知らせ
□□□	spread [spréd　スプ**レ**ッド]	動	広がる，広まる
□□□	spread [spréd　スプ**レ**ッド]	動	[spreadの過去形]
□□□	peaceful [pí:sfl　**ピ**ースふる]	形	平和な
□□□	**fight** [fáit　**ふァ**イト]	名	たたかい
□□□	**continue** [kəntínju:　コン**ティ**ニュー]	動	続く

▶ The town is three **kilometers** from the hotel.
その町はホテルから３キロメートルです。

▶ She traveled about 12 thousand **kilometers** in two months.
彼女は２か月で約１万2000キロメートルを旅しました。

▶ We **reached** the village early in the morning.
私たちは早朝にその村に到着しました。

▶ They walked almost twenty kilometers and **reached** the village.
彼らはほぼ20キロメートル歩いて村に到着しました。

▶ I joined the peace **march** yesterday.
私は昨日その平和行進に参加しました。

▶ She joined the **march** to protest the war.
彼女は戦争に抗議するための行進に加わりました。

▷ This non-violent march was called **the Salt March**.
この非暴力の行進は，塩の行進と呼ばれました。

▶ We can get the latest **news** on the internet.
私たちはインターネットで最新のニュースを得ることができます。

▶ It was terrible **news** for my father.
それは父にとってひどい知らせでした。

▷ News of the march **spread** around the world.
その行進のニュースは世界中に広まりました。

▶ The forest fire **spread** to the next town.
森林火災はとなりの町まで広がりました。

▶ We must create a more **peaceful** world.
私たちはもっと平和な世界をつくらなければなりません。

▶ They want to have a **peaceful** talk with each other.
彼らはお互いに平和的な話しあいを持ちたいと思っています。

▶ They won the **fight** against discrimination.
彼らは差別とのたたかいに勝ちました。

▶ He died after a long **fight** against cancer.
彼はがんとの長いたたかいの後に亡くなりました。

▷ Gandhi's peaceful fight **continued** after that.
その後もガンディーの平和的なたたかいは続きました。

▶ The war **continued** for many years.
その戦争は何年も続きました。

□□□ **won**
[wʌ́n **ワ**ン]
動 [winの過去形]

□□□ protest
[próutest プ**ロ**ウテスト]
名 抗議(運動)

□□□ **leader(s)**
[lí:dər **り**ーダ]
名 指導者，リーダー

□□□ Martin Luther King, Jr.
[mɑ́:rtn lú:θər kíŋ dʒú:njər **マ**ートゥン **る**ーさ **キ**ング **ヂュ**ーニャ]
名 マーティン・ルーサー・キング・ジュニア[男性名]

Let's Write ③
●グラフや表の活用 ――レポート――

□□□ **large**
[lɑ́:rdʒ **ら**ーヂ]
形 多い，多数の

□□□ growth
[gróuθ グ**ロ**ウす]
名 増加

□□□ China
[tʃáinə **チャ**イナ]
名 中国[国名]

□□□ **that**
[ðǽt **ざぁ**ット；(弱く言うとき)ðət ざト]
代 [前に出た[the＋名詞]をくり返す代わりに用いる](…の)それ

□□□ **then**
[ðén **ぜ**ン]
副 それでは，それなら，そうすると

▷ In 1947, India **won** independence.
1947年，インドは独立を勝ち取りました。

▶ Our team finally **won** the tournament.
私たちのチームはついにトーナメントで優勝しました。

▷ Non-violent **protest** is the legacy that Gandhi left.
非暴力の抗議運動はガンディーがのこした遺産です。

▶ We make a **protest** against all kinds of discrimination.
私たちは全ての種類の差別に対して抗議をします。

▶ He is the **leader** of our group.
彼が私たちのグループのリーダーです。

▶ Our **leader** tells us what to do.
リーダーが私たちに，何をするべきかを教えてくれます。

□□□ Nelson Mandela
[nélsn mændélə　**ネ**るスン マぁン**デ**ら]

㊔ ネルソン・マンデラ
[男性名]

教科書p.81

▶ The population of India is **larger** than that of Japan.
インドの人口は日本のものよりも多いです。

▶ That country became the **largest** internet market in the world.
その国は世界最大のインターネット市場になりました。

▶ Here is a graph that shows world population **growth**.
こちらは世界の人口増加を示すグラフです。

▶ The town is facing **growth** in the number of car accidents.
その町は自動車事故件数の増加に直面しています。

▶ **China**'s population is the largest in the world.
中国の人口は世界最大です。

▶ Do **China** and Japan have a good relationship?
中国と日本はよい関係にありますか。

▷ The population of India will be larger than **that** of China.
インドの人口は中国のものよりも多くなるでしょう。

▶ The climate of Japan is warmer than **that** of Alaska.
日本の気候はアラスカのそれよりあたたかいです。

▶ What should I do, **then**?
それでは，私はどうしたらよいでしょうか。

▶ Listen to English every day, **then** you will improve your English.
毎日英語を聞きなさい，そうすれば英語がうまくなるでしょう。

populous
[pápjələs **パ**ピュらス]

㊋ 人口の多い

powerful
[páuərfl **パ**ウアふる]

㊋ 力強い，有力な

in
[ín **イ**ン]

㊊ 【単位】
…の単位で

billion(s)
[bíljən **ビ**りョン]

㊔ 10億

豆マメ知識　アメリカとイギリスで地下鉄がちがう⁉

同じものを言うのに，アメリカとイギリスで言い方がちがうものがあるって知ってるかな？　交通に関することばでも，ちがうものがけっこうあるんだ。

たとえば「地下鉄」は，アメリカではsubway[**サ**ブウェイ]と言うけど，イギリスではunderground[**ア**ンダグラウンド]，特にロンドンの地下鉄をさすときはthe tube[ざ **テュ**ーブ]って言うんだ。地下鉄が通るトンネルがチューブ(管)みたいなところから，こう呼ばれるようになったのかもしれないね。

ちなみに，世界で最初の地下鉄は，1863年にロンドンで開通したんだよ。最初は地下を蒸気機関車が走っていた。電車になったのは20世紀近くになってからだそうだ。今でも，ロンドンやニューヨークといった大都市では，日本の東京などと同じように，地下鉄は欠かせない交通手段になっているんだ。

そのほか，「鉄道」は，アメリカではrailroad[**レ**イるロウド]，イギリスではrailway[**レ**イるウェイ]と言い，「路面電車」は，アメリカではstreetcar[ストゥ**リ**ートカー]とかtrolley car[トゥ**ラ**り **カ**ー]，イギリ

▷ India will be the most **populous** country in the world.
インドは世界で最も人口の多い国になるでしょう。

▶ I want to live in a big, **populous** city.
私は大きくて，人口の多い都市に住みたいです。

▶ Thank you for your **powerful** speech.
力強いスピーチをありがとうございます。

▶ People say that he is the most **powerful** in the country.
人々は彼がその国で最も有力な人だと言います。

▶ The history of life started about four **billion** years ago.
生命の歴史は約40億年前に始まりました。

▶ That company has lost two **billion** dollars.
その会社は20億ドルを失いました。

スではtram[トゥ**ラぁ**ム]と言う。また，列車の「車両」は，アメリカではcar[**カ**ー]，イギリスではcarriage[**キぁ**リッヂ]と言うんだ。

carが出てきたところで，車の話も少々。

車が道路を走るとき，イギリスでは，日本と同じ左側通行だけど，アメリカでは，車は右側通行だって知ってたかな？　日本で車の運転に慣れた人でも，アメリカで運転するのはなかなか難しいということだよ。また，道路の車線の言い方も，アメリカとイギリスではちがうものがあって，高速道路などの「追いこし車線」は，アメリカではpassing lane[**パぁ**スィング **れ**イン]と言うけど，イギリスではoutside lane[**ア**ウトサイド **れ**イン]と言うんだ。

実際に外国へ行くときには，こうしたことも前もって，きちんとチェックしておきたいものだね。

Stage Activity

②Discover Japan

discover [diskʌ́vər ディス**カ**ヴァ]	動	…を発見する
pretty [príti プ**リ**ティ]	形	かわいい，きれいな
cloth [klɔ́:θ ク**ろ**ーす]	名	布，服地
anime [ǽnəmèi **あ**ニメイ]	名	(日本の)アニメ
character(s) [kǽriktər **キぁ**ラクタ]	名	登場人物
behavior [bihéivjər ビ**ヘ**イヴィア]	名	ふるまい
wrap [rǽp **ラぁ**ップ]	動	…を包む
a piece of		1つ[個，本，枚]の～
square [skwéər スク**ウェ**ア]	形	正方形の

教科書p.84 ～ p.86

▶ Who **discovered** the new species of frog?
そのカエルの新種を発見したのはだれですか。

▶ They **discovered** some new ways of using *furoshiki*.
彼らはいくつかのふろしきの新しい使い方を発見しました。

▶ Who is that **pretty** girl?
あのかわいらしい女の子はだれですか。

▶ My mother looks **pretty** in a picture.
私の母は写真ではかわいく見えます。

▶ He spread the **cloth** over the table.
彼はその布をテーブルの上に広げました。

▶ This **cloth** feels soft and warm.
この布は柔らかくあたたかい感じがします。

▶ Who is your favorite **character** in this movie?
この映画の中であなたのお気に入りの登場人物はだれですか。

▶ The animated **character** is very popular in Japan now.
そのアニメの登場人物は今日本でとても人気があります。

▶ I don’t know what **behavior** is right.
どのようなふるまいが正しいのか私はわかりません。

▶ I cannot accept his bad **behavior**.
私は彼の悪いふるまいは受け入れることはできません。

▶ **Wrap** the glass in newspaper before you send it to Saki.
グラスをサキに送る前に新聞紙で包んでね。

▶ Will you **wrap** this as a gift?
これを贈り物として包んでくれませんか。

□ □ □ **up** [ʌ́p **ア**ップ]

副 しっかりと，きちんと

▶ *Furoshiki* is wide and **square**.
ふろしきは幅が広くて正方形です。

□□□ fold ... up
…を折りたたむ

□□□ a kind of
一種の…

□□□ wrestling
[résliŋ　**レ**スリング]
名　レスリング

□□□ instead of
…のかわりに

□□□ plastic bag
ビニールぶくろ

□□□ general shops
[dʒénərəl ʃáps　**ヂェ**ネラる **シャ**ップス]
一般商店

□□□ convenient
[kənví:njənt　コン**ヴィ**ーニャント]
形　便利な

□□□ waste
[wéist　**ウェ**イスト]
動　…をむだに使う

□□□ resource(s)
[rí:sɔ:rs　**リ**ーソース]
名　資源

□□□ **around**
[əráund　ア**ラ**ウンド]
前　…のまわりに，周囲に

▷ You can **fold** it **up** and keep it in your pocket.
あなたはそれを折りたたんでポケットに入れておくことができます。

▶ A *furoshiki* is very useful because it is easy to **fold** it **up**.
ふろしきは折りたたみやすいのでとても役に立ちます。

▶ The fruit is **a kind of** orange.
その果物はオレンジの一種です。

▶ English is **a kind of** universal language.
英語は一種の世界共通語です。

□□□ **instead**　副 そのかわりに
→instead of
[instéd　イン ス**テ**ッド]

▶ I'll have tea **instead of** coffee.
コーヒーのかわりに紅茶をいただきます。

▶ I used the box **instead of** a chair.
私はその箱をイスのかわりに使いました。

□□□ **department store**　名 デパート
[dipɑ́ːrtmənt stɔ̀ːr　ディ**パ**ートメント ストーア]

▷ *Furoshiki* are not only **convenient**, but good for the environment.
ふろしきは便利なだけでなく，環境にもよいです。

▶ Shopping on the internet is very **convenient**.
インターネットでの買い物はとても便利です。

▶ You must not **waste** your money.
お金をむだに使ってはいけません。

▶ Think more about global warming and stop **wasting** plastic bags.
地球温暖化についてもっと考え，ビニールぶくろをむだに使わないでください。

▶ We must save **resources** for our future.
私たちは将来に備えて資源を節約しなければいけません。

▶ That country has the technology to use natural **resources** effectively.
その国は天然資源を効果的に利用する技術をもっています。

▷ You can buy *furoshiki* at many shops **around** you.
ふろしきはあなたのまわりの多くの店で買うことができます。

▶ She didn't know what was happening **around** her.
彼女は自分のまわりで何が起こっているのかわかりませんでした。

Unit 6 Beyond Borders

扉

beyond 前 …をこえたところに[へ]
[bijánd ビ**ヤ**ンド]

border(s) 名 国境
[bɔ́ːrdər **ボ**ーダ]

relation(s) 名 関係
[riléiʃn リ**れ**イシャン]

Scene ①

campaign 名 キャンペーン
[kæmpéin キぁン**ペ**イン]

backpack(s) 名 バックパック
[bǽkpæ̀k **バぁ**ックパぁック]

overseas 副 外国へ[で]，海外へ[で]
[òuvərsíːz オウヴァ**スィ**ーズ]

wish 動 …であればよいのだが
[wíʃ **ウィ**ッシ]

this way このように

教科書p.89

▶ There was a small village **beyond** the mountain.
その山をこえたところに小さな村がありました。

▶ They traveled **beyond** the borders of China and India.
彼らは中国とインドの国境をこえて旅をしました。

▶ He was arrested at the **border**.
彼は国境で逮捕されました。

▶ He sent a lot of money across the **border** to his sister.
彼は国境をこえてたくさんの金を妹に送りました。

▷ How do we build good **relations** with foreign countries?
どのようにして諸外国と良好な関係を築けばよいでしょうか。

▶ It's necessary to build a friendly **relation** with the country.
その国と友好関係を築くことが必要です。

教科書p.91

▷ What does this **campaign** do?
このキャンペーンは何をしているのですか。

▶ They started a **campaign** to collect trash on the beach.
彼らはその海辺でごみを集めるキャンペーンを始めました。

▶ What is in your school **backpack**?
あなたの学校用バックパックの中には何が入っているの。

▶ She bought a **backpack** as a school bag.
彼女は学校用かばんとしてバックパックを買いました。

▶ I wish I could work **overseas**.
外国で働くことができればいいのですが。

▶ The child hopes he will study **overseas** in the future.
その子は将来海外で勉強したいと思っています。

▷ I **wish** I could go to school.
学校に行くことができればいいのになあ。

▷ I **wish** I had pens and notebooks.
ペンとノートを持っていたらいいのになあ。

▷ Children in some parts of the world feel **this way**.
世界の一部の地域の子供たちはこのように感じています。

▶ You must do it **this way** to finish the work quickly.
あなたはその仕事を早く終えるためにこのようにしなければなりません。

□□□	**run** [rʌ́n **ラ**ン]	動	…を主催する
□□□	unused [ʌnjúːzd アン**ユ**ーズド]	形	未使用の
□□□	supply, supplies [səplái サプ**ら**イ]	名	[suppliesで]必需品
□□□	donate [dóuneit **ド**ウネイト]	動	…を寄付する

Scene ②

□□□	Afghanistan [æfgǽnəstæ̀n あふ**ギぁ**ニスタぁン]	名	アフガニスタン[国名]
□□□	so far		今まで(は)，これまで(は)
□□□	**would** [wúd **ウ**ッド；(弱く言うとき)wəd ウド，d ドゥ]	助	【仮定法】…だろうに
□□□	**if** [íf **イ**ふ]	接	【仮定法過去】(あり得ないことだが)もし…ならば
□□□	definitely [défənitli **デ**ふぃニットり]	副	もちろん，確かに

▷ We are **running** a campaign to help them.
私たちは彼らを支援するためのキャンペーンを主催しています。

▶ They will **run** a campaign on TV.
彼らはテレビでキャンペーンを行います。

▶ Is there an **unused** room in your house?
あなたの家に使われていない部屋はありますか。

▶ What are you going to do with the **unused** room?
その使われていない部屋をどうするつもりですか。

▶ She had no money to buy her **supplies**.
彼女には必需品を買うお金がありませんでした。

▶ Please send food **supplies** to the hungry children.
空腹の子供たちに食糧必需品を送ってください。

▶ She **donated** these books to the library before she died.
彼女は死ぬ前にこれらの本を図書館に寄付しました。

▶ She **donated** sweaters to people who lost their homes.
彼女は家を失った人たちにセーターを寄付しました。

教科書p.92

▷ They send backpacks to children in **Afghanistan**.
彼らはアフガニスタンの子供たちにバックパックを送ります。

▶ We should send school supplies to children in **Afghanistan**.
私たちはアフガニスタンの子供たちに学校備品を送るべきです。

▷ **So far**, more than 200,000 backpacks have been sent.
これまで20万個をこえるバックパックが送られています。

▶ **So far**, everything has been all right.
これまでは，全てがうまくいっています。

▷ **If** I were a Japanese student, I would send my old backpack.
もし私が日本の生徒なら，自分の古いバックパックを送るでしょう。

▷ **If** I were you, I would ask my friends for help.
もし私があなたなら，友達に助けを求めるでしょう。

▶ His classes are **definitely** helpful for students.
彼の授業はまちがいなく学生の役に立ちます。

▶ This information was **definitely** helpful for mothers with children.
この情報は子供をもつ母親にとって確かに役に立ちました。

Read and Think ①

imagine 動 …を想像する
[imædʒin　イ**マぁ**ヂン]

illiterate 形 読み書きのできない
[ilítərit　イ**り**テレット]

receive 動 …を受け取る
[risí:v　リ**スィ**ーヴ]

encourage(s) 動 …を勇気づける，励ます
[inkə́:ridʒ　イン**カ**〜リッヂ]

encourage ... to 〜 …に〜するよう促す

son(s) 名 息子
[sʌ́n　**サ**ン]

daughter(s) 名 娘《むすめ》
[dɔ́:tə*r*　**ド**ータ]

with 前 **【携帯・所有】**
…を身につけて，…のある
[wíð　**ウィ**ず]

most of [most of + 名詞で]…の大部分，ほとんど

教科書p.94 ～ p.95

▷ **Imagine** your life without school.
学校のない生活を想像してみてください。

▶ I can't **imagine** life without the internet.
私はインターネットのない生活を想像できません。

▶ There were a lot of **illiterate** people in the country.
その国には読み書きのできない人がたくさんいました。

▶ What is the best way to teach **illiterate** people?
読み書きができない人を教える最もよい方法は何ですか。

▶ I **received** a gift on my birthday.
私は誕生日に贈り物を受け取りました。

▶ I **received** a phone call from my teacher last night.
私は昨晩先生から電話をもらいました。

▶ The teacher always **encouraged** us **to** use English.
先生はいつも，私たちに英語を使うように促しました。

▶ My mother **encourages** me **to** communicate with foreign people.
母は私に外国人と意思疎通を図るように促します。

▶ My **son** is on the basketball team.
私の息子はバスケットボールチームの一員です。

▶ She is the mother of a **son** and two daughters.
彼女は息子１人と娘２人の母です。

▶ My **daughter** had a baby last night.
昨夜私の娘が赤ん坊を産みました。

▶ My **daughter** has been studying abroad.
私の娘は留学しています。

▶ He had no money **with** him then.
そのとき，彼は金の持ち合わせがありませんでした。

▶ A woman **with** long hair was standing at the door.
長い髪の女性がドアのところに立っていました。

▷ **Most of** the backpacks come with pens and notebooks.
ほとんどのバックパックにペンやノートがついています。

▶ Many people spend **most of** the time at their homes these days.
近ごろ多くの人が大部分の時間を家で過ごします。

ready [rédi　**レ**ディ]	形　用意ができて
be ready for	…の用意ができている
building(s) [bíldiŋ　**ビ**るディング]	名　建物，ビル
open [óupn　**オ**ウプン]	形　開いている，屋根のない
air [éə*r*　**エ**ア]	名　空気，空中
in the open air	屋外で
service(s) [sə́ː*r*vis　**サ**〜ヴィス]	名　サービス，公的事業
globe [glóub　グ**ろ**ウブ]	名　[the globeで]地球
exchange(s) [ikstʃéindʒ　イクス**チェ**インヂ]	名　交流，やりとり
depend(s) [dipénd　ディ**ペ**ンド]	動　頼る

▷ So students will **be ready for** school.
だから生徒たちは学校へ行く準備ができるでしょう。

▶ I **am ready for** your first question.
私はあなたの最初の質問に対する準備ができています。

▶ Kyoto has many beautiful **buildings**.
京都にはたくさんの美しい建物があります。

▶ Many **buildings** were destroyed in the earthquake.
その地震で多くの建物が壊されました。

▶ I've got a new **open** car.
私は新しいオープンカーを手に入れました。

▶ Leave that window **open**, please.
その窓をあけたままにしておいてください。

▶ We played basketball **in the open air**.
私たちは屋外でバスケットボールをしました。

▶ It's warm today. Children are enjoying playing **in the open air**.
今日はあたたかいです。子供たちは屋外で遊びを楽しんでいます。

▶ The **service** at the hotel was terrible.
そのホテルのサービスはひどかったです。

▶ I got better **service** here at the hotel.
私はそのホテルでよりよいサービスを受けました。

▶ I've traveled to all parts of the **globe**.
私は世界中を旅してきました。

▶ Our school got a lot of messages from schools all over the **globe**.
私たちの学校は世界中の学校からメッセージをもらいました。

▷ These **exchanges** connect and help us all.
これらの交流が私たち全てをつなぎ，助けてくれるのです。

▶ Our city sent two students to New Zealand on the **exchange** plan.
私たちの市は交流計画で二人の生徒をニュージーランドへ送りました。

□□□	**depend on**	…に頼る
□□□	**trade** [tréid　トゥ**レ**イド]	名　貿易
□□□	**survival** [sə*r*váivl　サ**ヴァ**イヴる]	名　存続，生き残ること
□□□	**third** [θə́:*r*d　**さ**～ド]	名形　3分の1(の)
□□□	**Brazil** [brəzíl　ブラ**ズィ**る]	名　ブラジル[国名]
□□□	**Thailand** [táilænd　**タ**イらぁンド]	名　タイ[国名]
□□□	**import** [impɔ́:*r*t　イン**ポ**ート]	動　…を輸入する
□□□	**pork** [pɔ́:*r*k　**ポ**ーク]	名　豚肉
□□□	**beef** [bí:f　**ビ**ーふ]	名　牛肉
□□□	**coat(s)** [kóut　**コ**ウト]	名　上着，コート

▶ You can always **depend on** me.
あなたはいつでも私を頼りにすることができます。

▶ All your classmates **depend on** you.
あなたの同級生は全員，あなたに頼っています。

▶ **Trade** between Japan and China has been developing.
日本と中国の貿易が発展してきています。

▶ Your company does a lot of **trade** with Australia.
あなたの会社はオーストラリアと大量の貿易をしています。

▶ Animals in the wild are fighting for **survival**.
野生の動物たちは生き残りをかけてたたかっています。

▶ Many companies are fighting for **survival**.
多くの会社が生き残りをかけてたたかっています。

▷ One-**third** of the chicken that we eat comes from other countries.
私たちが食べるとり肉の３分の１はほかの国から来ています。

▶ A **third** of the students in this school have computers.
この学校の生徒の３分の１はコンピュータを持っています。

▶ My father moved to **Brazil** when he was a child.
父は子供のときにブラジルに渡りました。

▶ He went to **Brazil** to become a soccer player.
彼はサッカー選手になるためにブラジルに行きました。

▶ In **Thailand**, there are many elephants.
タイには，たくさんのゾウがいます。

▶ **Thailand** is a hot country.
タイは暑い国です。

▶ The company decided to **import** cars from Japan.
その会社は日本から車を輸入することを決めました。

▶ Japan **imports** much of its foods and clothes.
日本は食料や衣服の多くを輸入しています。

▶ I've had enough **pork** pie.
ポークパイはもう十分です。

▶ She likes beef better than **pork**.
彼女は豚肉より牛肉の方が好きです。

□□□ **pants** 　㊔ ズボン
[pǽnts **パぁ**ンツ]

▶ Can I try on this **coat**?
このコートを着てみてもいいですか。

▶ He drove a car with his **coat** on.
彼はコートを着たまま車を運転しました。

□□□ sold
[sóuld **ソ**ウるド]
動 [sellの過去分詞]

□□□ exception
[iksép∫n イク**セ**プシャン]
名 例外

□□□ surround(ed)
[səráund サ**ラ**ウンド]
動 …を囲む

□□□ daily
[déili **デ**イり]
形 日常の

□□□ interdependent
[ìntə*r*dipéndənt インタディ**ペ**ンデント]
形 相互に依存している

Let's Talk ③
●食品の選択 ――賛成する・反対する――

□□□ domestic
[dəméstik ド**メ**スティック]
形 国内の

□□□ in season
(食べ物が)旬《しゅん》で

□□□ seem
[sí:m **スィ**ーム]
動 …のように見える，思われる

□□□ transport(ing)
[trænspɔ́:*r*t トゥラぁンス**ポ**ート]
動 …を輸送する

▶ Many products are **sold** on the internet.
インターネット上ではたくさんの製品が売られています。

▶ Clothes are **sold** at half price in the shop.
その店では衣服は半額で売られています。

▷ Electronic devices are no **exception**.
電子機器も例外ではありません。

▶ There are a few **exceptions** to the rule.
そのルールにはいくつかの例外があります。

▶ The village is **surrounded** by mountains.
その村は山に囲まれています。

▶ The teacher was **surrounded** by many students when he came in.
その先生は入ってきたとき，多くの生徒に囲まれました。

▶ What is your **daily** work?
あなたの日常の仕事は何ですか。

▶ My mother is tired from the busy **daily** life.
母は忙しい日常生活で疲れています。

▶ Our relationship has become more **interdependent**.
私たちの関係はより相互に依存するようになってきています。

▶ People in the village are **interdependent**.
その村の人々は相互に依存しています。

教科書p.99

▷ We can support **domestic** farmers by choosing these vegetables.
私たちはこれらの野菜を選ぶことで国内の農場主を応援することができます。

▶ I want to buy **domestic** goods instead of foreign goods.
私は外国の品物の代わりに国内の品物を買いたいです。

▶ The shop sells fruits **in season** like peaches and melons.
その店は，モモやメロンなど，旬の果物を販売しています。

▶ Fruits and vegetables **in season** are delicious.
旬の果物や野菜はとてもおいしいです。

▷ These vegetables **seem** safer.
これらの野菜の方がより安全に思われます。

▶ She didn’t **seem** happy when I gave her a birthday present.
誕生日のプレゼントをあげたとき，彼女はうれしそうに見えませんでした。

▷ **Transporting** vegetables is not good for the environment.
野菜の輸送は環境によくありません。

▶ There is a good service of **transporting** goods very quickly in Japan.
日本では品物を非常に速く輸送するよいサービスがあります。

□□□ **food mile(s)** [fú:d màil **ふ**ード マイる]	名	フードマイル
□□□ **point** [pɔ́int **ポ**イント]	名	特徴，論点，ポイント
□□□ **cheap(er)** [tʃí:p **チ**ープ]	形	(品物・料金が)安い
□□□ **agree** [əgrí: アグ**リ**ー]	動	賛成する，意見が一致する
□□□ **agree with**		…に賛成する
□□□ **disagree** [dìsəgrí: ディスアグ**リ**ー]	動	意見が合わない
□□□ **besides** [bisáidz ビ**サ**イヅ]	副	そのうえ，さらに
□□□ **variety** [vəráiəti ヴァ**ラ**イエティ]	名	変化(に富んでいること)

▶ **Food miles** in Japan are very high.
日本のフードマイルはとても高いです。

▶ “**Food miles**” is used to explain how much your food travels.
「フードマイル」は食べ物がどれだけ移動するかを説明するために使われます。

▶ Your report has some good **points**.
あなたのレポートにはいくつかすぐれた特徴があります。

▶ This fossil was the starting **point** of my research.
この化石が私の研究の出発点でした。

▶ We stayed in a **cheap** hotel.
私たちは安いホテルに泊まりました。

▶ We can buy **cheap** and good goods at hundred yen shops.
私たちは百円ショップで安くてよい品物を買うことができます。

□□□ **with** [wíð **ウィ**ず]

㊞ 【賛成】
…に賛成して，味方して

▶ Everyone **agreed with** Erika.
みんながエリカに賛成しました。

▶ He says that money is not everything. I **agree with** his opinion.
彼はお金が全てではないと言います。私は彼の意見に賛成です。

▶ Some people **disagree** with your decision.
あなたの決定に反対している人たちもいます。

▶ I **disagree** with you on this point.
この論点については私はあなたと意見が合いません。

▶ **Besides**, this camera is expensive.
そのうえ，このカメラは高価です。

▶ I don't want to go out, and **besides**, it's snowing.
私は外出したくないし，そのうえ，雪が降っています。

▷ The **variety** of domestic vegetables is growing.
国内産の野菜のバラエティーが増えてきています。

▶ The shop sells a **variety** of cakes.
その店は変化に富んだケーキを販売しています。

□ yen　　　　名　円(日本の貨幣単位)
□
□ [jén　イエン]

豆マメ知識　「アメリカ」「イギリス」は正しい国名？

America(アメリカ)は，本来は南北2つある「アメリカ大陸」をさす地名だ。けれど，18世紀の後半に，その大陸の北側の一部に「アメリカ合衆国(the United States of America)」という国家ができた。そこでこの国のこともAmericaと呼ぶようになったんだ。

「アメリカ大陸」と「アメリカ合衆国」――まぎらわしいよね。日本人が「アメリカ」と言うときは，ふつう「アメリカ合衆国」のことをさすよね。合衆国の人々は，自分たちの国のことをthe United States(合衆国)とかthe Statesと言ったりする。the United Statesを略してthe U.S.とも言う。

ところで,「米国」と言うのはなぜだろう？　なんでアメリカが「お米の国」なのかって？　これは昔，漢字でAmericaを「亜米利加」と書いたことに由来する。「亜」だと「亜細亜(アジア)」と混同してしまうから，略すときは「米」になった。現在の中国では「米国」ではなくて「美国(メイクオ)」と言っているよ。

さて，次にイギリスの国名の話をしよう。こちらもけっこうややこしいよ。まず，地図を開いてみよう。イギリスは，グレートブリテン島の全部とアイルランド島の北部の2つの部分からできている王国だ。だから正式名称は「グレートブリテンおよび北アイルランド連合王国(the United Kingdom of Great Britain

教科書p.100

and Northern Ireland)」と言う。この「連合王国(the United Kingdom)」とは？　この国の王(今は女王)は，2つの島にあるEngland[**イ**ングらンド]，Wales[**ウェ**イるズ]，Scotland[ス**カ**ットらンド]，Northern Ireland[**ノ**ーざン **ア**イアらンド]の4つの地域の王をかねている。だから「連合王国」と言うんだ。

イギリス人が自分たちの国のことを言うときは，the United Kingdom[ざ ユー**ナ**イティッド **キ**ングダム]とか，略してthe U.K.とか，あるいは島の名前からBritain[ブ**リ**トゥン]などと呼ぶことが多い。また，国家の名前よりも，EnglandやScotlandなど，地域名を使うことも多いんだ。

ここでもうひとつややこしいのは，日本語の「イギリス」という名称だ。これは昔，南蛮《なんばん》人として日本にやってきたポルトガル人が使っていた「イングレス」という言い方に由来するものだ。「イングレス」はEnglish(イングランド(人)の，英語)にあたる語だよ。

また漢字で書くと「英吉利」となる。これがイギリスあるいはEnglishにあたる中国の古い書き方だったんだ。それでイギリスのことを「英国」とも呼ぶというわけさ。

Stage Activity

③Let's Have a Mini Debate

□□□ **mini** [míni　ミニ]
形　小型の

□□□ **mini debate** [míni dibèit　ミニ ディベイト]
ミニ討論，ミニディベート

□□□ **judge** [dʒʌ́dʒ　ヂャッヂ]
名　審判員

□□□ **fantastic** [fæntǽstik　ふぁンタぁスティック]
形　すばらしい，すてきな

□□□ **stationery** [stéiʃənèri　ステイショネリ]
名　文房具

□□□ **colorful** [kʌ́lərfl　カらふる]
形　色彩に富んだ

□□□ **side(s)** [sáid　サイド]
名　側，面

□□□ **negative** [négətiv　ネガティヴ]
形　否定的な，よくない

□□□ **stand** [stǽnd　スタぁンド]
動　…をがまんする

教科書p.102 ～ p.104

▶ I met her last Sunday at the **mini** concert hall.
私はこの前の日曜日に小さなコンサートホールで彼女に会いました。

▶ He thought it was good to hold a **mini** marathon for children.
彼は子供向けのミニマラソンを開催するのはいいことだと思いました。

▶ The **mini debate** about living in Japan started.
日本の生活についてのミニディベートが始まりました。

▶ They had a **mini debate** about global warming.
彼らは地球温暖化についてミニディベートをしました。

▶ He was a **judge** at the speech contest held in Japan.
彼は日本で開催されたスピーチコンテストの審査員でした。

▶ The **judge** decided that your opinion was right.
審判員はあなたの意見が正しいと決めました。

▷ First, the food here is **fantastic**.
第一に，ここの食べ物はすばらしいです。

▶ The musical was really **fantastic**.
そのミュージカルは本当にすばらしかったです。

▷ Stationery goods are especially **colorful**.
文房具は特に色彩に富んでいます。

▶ It's a lot of fun to see **colorful** flowers in the park.
公園にある色彩に富んだ花を見るのはとても楽しいです。

▶ A box has six **sides**.
箱には6つの面があります。

▶ The park is on the other **side** of the street.
その公園は通りの向こう側にあります。

▶ She sees only the **negative** side of the plan.
彼女はその計画のよくない側面しか見ていません。

▶ You don't have to be so **negative**.
あなたはそんなに否定的でなくてもいいです。

▷ I can't **stand** the crowded trains.
私は混雑した電車にはがまんできません。

▶ I can't **stand** the waiting in a long line.
私は長い列で待つことにがまんできません。

□□□ **wear** [wéər **ウェ**ア]	動	…を着ている，身につけている
□□□ uniform(s) [júːnəfɔ̀ːrm **ユ**ーニふォーム]	名	制服，ユニフォーム
□□□ eat out		外食する
□□□ **clean** [klíːn ク**り**ーン]	動	…をそうじする
□□□ countryside [kʌ́ntrisàid **カ**ントゥリサイド]	名	いなか
□□□ not ... at all		少しも…ない
□□□ move on		(次の話題などへ)移る，進む
□□□ **next** [nékst **ネ**クスト]	副	次に，今度は
□□□ announce [ənáuns ア**ナ**ウンス]	動	…を発表する
□□□ debate [dibéit ディ**ベ**イト]	名	討論，ディベート

▶ I decided to **wear** a blue T-shirt.
私は青いTシャツを着ることにしました。

▶ I often **wear** boots on Sundays.
私は日曜日によくブーツをはきます。

▷ Every student has to wear the same **uniform**.
全ての生徒が同じ制服を着なければなりません。

▶ It's not always bad to wear the same **uniform**.
同じ制服を着ることは必ずしも悪いことではありません。

▷ It's expensive to **eat out** in Japan.
日本で外食するのはお金がかかります。

▶ It's fun to **eat out** sometimes.
ときどき外食するのは楽しいです。

▷ You can save time when you **clean** your house.
家をそうじするときに時間を節約できます。

▶ Can you help me **clean** my room?
部屋のそうじをするのを手伝っていただけませんか。

▶ I left the **countryside** to work in the city.
私はいなかを出て都会で働きました。

▶ My father wants to move to the **countryside** and to have a peaceful life.
私の父はいなかに引っこして平和な生活を送りたいと思っています。

▶ I'm **not** satisfied **at all** with the result.
私はその結果に少しも満足していません。

▶ How's your study going? − It's **not** doing well **at all**.
勉強ははかどっていますか。一少しもはかどっていません。

▷ Let's **move on** to questions and answers.
質疑応答に移りましょう。

▶ I want to **move on** to the next topic.
次の話題に移りたいと思います。

▷ **Next**, we'll hear from people who disagree.
次に，反対する人からの意見を聞きます。

▶ **Next**, let's move on to the new topic.
次に，新しい話題に移りましょう。

▷ Now, judges, please **announce** the decision.
では審判員のみなさん，結果を発表してください。

▶ We're ready to **announce** the winners of the speech contest.
スピーチコンテストの受賞者を発表する用意ができました。

▷ Let's start a **debate**.
討論を始めよう。

▶ We will hold a **debate** next week.
私たちは来週討論会を開きます。

Let's Read ②

●Power Your Future

□□□ electricity	[ilèktrísəti イレクトゥ**リ**スィティ]	名 電気，電力
□□□ **off**	[ɔ́:f **オ**ーふ]	副 (電気・ガス・水道などが)切れて，とまって
□□□ **cut**	[kʌ́t **カ**ット]	動 …を切る，…の供給をとめる
□□□ cut	[kʌ́t **カ**ット]	動 [cutの過去分詞]
□□□ **stop**	[stáp ス**タ**ップ]	動 とまる，停止する
□□□ charge	[tʃá:rdʒ **チャ**ーヂ]	動 …を充電する
□□□ smartphone(s)	[smá:rtfòun ス**マ**ートふォウン]	名 スマートフォン
□□□ oil	[ɔ́il **オ**イる]	名 油，石油
□□□ coal	[kóul **コ**ウる]	名 石炭

教科書p.106 ~ p.109

▷ How can we make the **electricity** we need for our future?
私たちの未来に必要な電気をつくるにはどうすればよいでしょうか。

▶ We must try to save more **electricity**.
私たちはさらに節電をしようとしなければなりません。

▷ The lights would be **off**.
電灯は消えるでしょう。

▶ After the earthquake, the electricity was **off** for several days.
その地震のあと，数日間電気がとまりました。

▶ Water and electricity have been **cut** off in this area.
この地域では水と電気が遮断されています。

▶ Have you **cut** your child's hair?
あなたは子供の髪を切ったことがありますか。

▶ I **stopped** to look at the picture on the wall.
私は立ちどまって壁の絵を見ました。

▶ The train **stopped** at the next station for a few minutes.
その列車は次の駅で数分停止しました。

▶ I don't know how to **charge** my device.
機器の充電のしかたがわかりません。

▶ My computer needs to be **charged**.
私のコンピュータは充電が必要です。

▶ The games for **smartphones** are becoming popular in Japan.
スマートフォン向けのゲームの人気が日本で高まっています。

▶ New types of **smartphones** will be sold next month.
新しいタイプのスマートフォンが来月発売されるでしょう。

▶ The country imports almost all **oil** products.
その国は石油製品のほとんどを輸入しています。

▶ Japan depends on foreign countries for **oil**.
日本は石油を外国に頼っています。

▶ In the area, some families use **coal** for cooking.
その地域では，料理に石炭を使う家庭もあります。

▶ Japan imports **coal** from Australia.
日本はオーストラリアから石炭を輸入します。

☐☐☐ **natural gas** [nǽtʃərəl gǽs　**ナぁ**チュラる **ギぁ**ス]
名　天然ガス

☐☐☐ **fossil fuel(s)** [fɑ́sl fjù:əl　**ふァ**スる **ふユ**ーエる]
名　化石燃料

☐☐☐ **relatively** [rélətivli　**レ**らティヴり]
副　比較的

☐☐☐ **run out of**
…を使い果たす

☐☐☐ **release** [rilí:s　リ**り**ース]
動　…を放出する

☐☐☐ **carbon dioxide** [kɑ́:*r*bən daiɑ́ksaid　**カ**ーボン ダイ**ア**クサイド]
名　二酸化炭素

☐☐☐ **dangerous** [déindʒərəs　**デ**インヂャラス]
形　危険な

☐☐☐ **chemical(s)** [kémikl　**ケ**ミクる]
名　化学物質

☐☐☐ **health** [hélθ　**へ**るす]
名　健康

☐☐☐ **power** [páuə*r*　**パ**ウア]
名　動力，電力

▶ The government is interested in **natural gas** development.
政府は天然ガス開発に興味をもっています。

▶ That car runs on **natural gas**.
その車は天然ガスで動きます。

▷ These resources are called "**fossil fuels**."
これらの資源は「化石燃料」と呼ばれています。

▶ **Fossil fuels** such as oil, coal and natural gas are precious resources.
石油，石炭そして天然ガスのような化石燃料は貴重な資源です。

▷ They are **relatively** cheap.
それらは比較的安いです。

▶ Goods in the department store are **relatively** cheap.
そのデパートの商品は比較的安いです。

▶ She **ran out of** money.
彼女はお金を使い果たしました。

▶ I **ran out of** time before I finished the last question.
最後の問題を終える前に，私は時間を使い果たしました。

▶ I **released** the fish to preserve the lake's resources.
私は湖の資源を守るために魚を放しました。

▶ The soccer team **released** some players.
そのサッカーチームは数人の選手を放出しました。

▶ This car doesn't produce any **carbon dioxide**.
この車は二酸化炭素を生み出しません。

▶ When fossil fuels are burned, they release **carbon dioxide**.
化石燃料が燃やされると，それらは二酸化炭素を放出します。

▶ It's **dangerous** for you to walk alone at night.
夜に一人で歩くのは危険です。

▶ This city is one of the world's most **dangerous** places.
この都市は世界で最も危険な場所の一つです。

▶ Those **chemicals** are dangerous for our body.
これらの化学物質は私たちの体にとって危険です。

▶ **Chemicals** used by farmers influenced the ecosystem of the area.
農場主が使う化学物質はその地域の生態系に影響を与えました。

▷ They increase global warming and damage our **health**.
それらは地球温暖化を増大させ，私たちの健康を損ないます。

▶ My grandfather walks every day to improve his **health**.
私の祖父は健康を増進するために毎日ウォーキングをしています。

□□□ nuclear power　原子力

□□□ amount　名 量，額
[əmáunt　ア**マ**ウント]

□□□ a ... amount of 〜　…の量の〜

□□□ energy　名 エネルギー
[énərdʒi　**エ**ナヂィ]

□□□ control　動 …を管理する
[kəntróul　コントゥ**ロ**ウる]

□□□ radiation　名 放射能
[rèidiéiʃn　レイディ**エ**イション]

□□□ handle　動 …を処理する
[hǽndl　**ハぁ**ンドゥる]

□□□ waste　名 ごみ，廃棄物
[wéist　**ウェ**イスト]

□□□ nuclear waste　核廃棄物

□□□ all the time　常に

▶ **Nuclear power** is useful, but it is also dangerous.
原子力は役立つ反面，危険でもあります。

▶ We should make peaceful use of **nuclear power**.
私たちは原子力の平和利用をするべきです。

▷ Nuclear power produces **a** large **amount of** energy.
原子力は大量のエネルギーを生み出します。

▶ I ate **a** small **amount of** chocolate in the middle of the night.
私は真夜中に少量のチョコレートを食べました。

▶ We use a lot of **energy** in our everyday lives.
私たちは毎日の生活の中でたくさんのエネルギーを使います。

▶ We should begin the development of new **energy** resources.
私たちは新しいエネルギー資源の開発を始めなければなりません。

▶ It's difficult for me to **control** my feelings.
自分の気持ちをコントロールするのは難しいです。

▶ Playing sports is useful for **controlling** your feelings.
スポーツをすることは感情をコントロールするのに役立ちます。

▶ What are some dangers of **radiation**?
放射能にはどんな危険がありますか。

▶ This device is used to measure **radiation**.
この装置は放射能を測定するために使用されます。

▶ He asked how to **handle** the problem.
彼はその問題をどうやって処理するかたずねました。

▶ He is trying to find good ways to **handle** the problems.
彼はその問題を処理するよい方法を見つけようとしています。

▶ It's very difficult to solve the problem of nuclear **waste**.
核廃棄物の問題を解決するのは非常に難しいです。

▶ We don't know how to handle a large amount of plastic **waste**.
私たちは大量のプラスチックごみの扱い方がわかりません。

▶ You are angry **all the time**.
あなたは常に怒っていますね。

▶ She looks happy **all the time**.
彼女は常に幸せそうに見えます。

□□□	**sunshine**	[sʌ́nʃàin　**サ**ンシャイン]	名	日光
□□□	**wind**	[wínd　**ウィ**ンド]	名	風
□□□	steam	[stíːm　ス**ティ**ーム]	名	蒸気
□□□	ocean	[óuʃn　**オ**ウシャン]	名	大洋，海
□□□	renewable	[rinjúːəbl　リ**ニュ**ーアブる]	形	再生可能な
□□□	dam(s)	[dǽm　**ダぁ**ム]	名	ダム
□□□	water power			水力
□□□	progress	[prəgrés　プログ**レ**ス]	動	進歩する
□□□	Denmark	[dénmaː*r*k　**デ**ンマーク]	名	デンマーク［国名］
□□□	wind power			風力

▶ We enjoyed the **sunshine** on the beach.
私たちは海辺で日光浴を楽しみました。

▶ This room in my house gets a lot of **sunshine**.
私の家のこの部屋は日がたくさん当たります。

▶ In the cold **wind**, we walked around the city.
冷たい風の中，私たちはその都市を歩き回りました。

▶ The **wind** was cold when the marathon started.
マラソンが始まったとき，風は冷たかったです。

▶ We took a **steam** bath.
私たちは蒸し風呂に入りました。

▶ **Steam** is rising from the soup.
スープから湯気が立ち上がっています。

▷ Now many countries are using even **ocean** waves to make electricity.
今や多くの国々が海の波さえも利用して電気をつくっています。

▶ The young man went across the **ocean** to America.
その青年は海を渡ってアメリカへ行きました。

▷ These are examples of "**renewable** energy."
これらは「再生可能エネルギー」の例です。

▶ **Renewable** energy is safe and clean.
再生可能エネルギーは安全でクリーンです。

▷ We need **dams** to use water power.
水力を利用するためにはダムが必要です。

▶ We must not build **dams** in this area.
私たちはこの地域にダムを建設してはいけません。

▷ Research in other renewable energy technologies is **progressing**.
ほかの再生可能エネルギー技術の研究が進歩しています。

▶ AI technology has been **progressing** over the years.
AI技術が数年にわたって進歩してきています。

▶ I'll try to live in **Denmark** for a while.
しばらくの間デンマークに住んでみようと思います。

▶ I would like to travel to **Denmark** someday.
私はいつかデンマークに旅行してみたいです。

□□□ **quarter** [kwɔ́ːrtər　ク**ウォ**ータ]
[名]　4分の1

□□□ Iceland [áislənd　**ア**イスらンド]
[名]　アイスランド[国名]

□□□ heat [híːt　**ヒ**ート]
[名]　熱

□□□ **solve** [sálv　**サ**るヴ]
[動]　…を解決する

□□□ Reyhan Jamalova [réihən dʒáməlòuvə　**レ**イハン **ヂャ**マろウヴァ]
[名]　レイハン・ジャマロバ[女性名]

□□□ Azerbaijan [àːzərbaidʒáːn　アーザバイ**ヂャ**ーン]
[名]　アゼルバイジャン[国名]

□□□ invent(ed) [invént　イン**ヴェ**ント]
[動]　…を発明する

□□□ **rain** [réin　**レ**イン]
[名]　雨

□□□ LED [èliːdíː　エるイー**ディ**ー]
[名]　発光ダイオード

□□□ lamp(s) [lǽmp　**らぁ**ンプ]
[名]　明かり，ランプ

▶ A **quarter** of an hour is fifteen minutes.
1時間の4分の1は15分です。

▶ Three-**quarters** of the story was about his trip to Japan.
物語の4分の3は彼の日本への旅行についてでした。

▷ What do Denmark and **Iceland** use to get their electricity?
デンマークとアイスランドは何を利用して電気を得ていますか。

▶ **Iceland** is an island country surrounded by the sea.
アイスランドは海に囲まれた島国です。

▶ Can we use the **heat** of the sun to cook?
太陽の熱を使って料理をすることはできますか。

▶ In this country, the **heat** in summer is very severe.
この国では，夏の暑さがとても厳しいです。

▶ Do you know how to **solve** this problem?
この問題の解決方法がわかりますか。

▶ What should we do to **solve** that challenge?
その難問を解決するために私たちは何をするべきでしょうか。

▷ Reyhan is a student in **Azerbaijan**.
レイハンはアゼルバイジャンの学生です。

▶ **Azerbaijan** produces strong wrestling players.
アゼルバイジャンは強いレスリング選手を生み出しています。

▶ Do you know who **invented** the camera?
だれがカメラを発明したか知っていますか。

▶ He has **invented** something new many times.
彼は何度も新しいものを発明してきました。

▶ It looks like **rain**. Take your umbrella with you.
雨がふりそうです。傘をもっていきなさい。

▶ The **rain** has finally stopped. − Then let's go somewhere for lunch.
ようやく雨がやみました。−それではどこかにランチに行きましょう。

▷ Reyhan's device can power 22 **LED** lamps for 50 seconds.
レイハンの装置は22個のLEDランプに50秒間電力を供給することができます。

▶ A Japanese invented blue **LED**.
一人の日本人が青色発光ダイオードを発明しました。

▶ She turned on her desk **lamp**.
彼女は卓上ランプをつけました。

▶ Don't forget to take a map and a **lamp** when you go camping.
キャンプに行くときは地図やランプを忘れずに持っていきなさい。

second(s)
[sékənd **セ**カンド]
名 秒

liter(s)
[lí:tər **リ**ータ]
名 リットル

rainwater
[réinwɑ̀tər **レ**インワタ]
名 雨水

battery
[bǽtəri **バぁ**テリ]
名 電池，バッテリー

anything
[éniθìŋ **エ**ニすィング]
代 [疑問文で]何か

sustainable
[səstéinəbl サス**テ**イナブる]
形 持続可能な

consumer
[kənsú:mər コン**ス**ーマ]
名 消費者

inventor
[invéntər イン**ヴェ**ンタ]
名 発明家

▶ I closed my eyes for a few **seconds**.
私は数秒間目を閉じました。

▶ They sell two new onions a **second**.
彼らは1秒につき2個の新しいタマネギを売っています。

▶ I drink two **liters** of water every day.
私は毎日２リットルの水を飲みます。

▶ Drinking ten **liters** of water every day is wrong.
毎日10リットルの水を飲むのはまちがっています。

▶ They use **rainwater** for drinking and cooking.
彼らは雨水を飲むためや料理のために使います。

▶ Many people in that country don't waste **rainwater**.
その国の多くの人は雨水をむだにしません。

▷ Its **battery** can store power to use later.
そのバッテリーは後で使うために電力を蓄えることができます。

▶ Did you buy a new type of **battery**?
新しいタイプのバッテリーを買いましたか。

▶ Is there **anything** interesting in that article?
その記事に何かおもしろいことがのっていますか。

▶ Are you going to do **anything** special tomorrow?
明日何か特別なことをするつもりですか。

▷ Is there anything you can do for a **sustainable** energy future?
持続可能なエネルギーの未来のためにできることは何かあるでしょうか。

▶ People all over the world hope to create a **sustainable** future.
世界中の人々が持続可能な未来を創造することを望んでいます。

▷ What can we decide as **consumers**?
私たちは消費者として何を決めることができますか。

▶ Our company always tries to listen to the voices of **consumers**.
私たちの会社は常に消費者の声に耳を傾けるようにつとめています。

▷ You may even be an **inventor**, like Reyhan.
あなたはレイハンのような発明家になることさえあるかもしれません。

▶ Who is the **inventor** of karaoke?
カラオケの発明者はだれですか。

Let's Read ③

●A Graduation Gift from Steve Jobs

graduation [grædʒuéiʃn グラぁヂュ**エ**イシャン]
名 卒業

Steve Jobs [stí:v dʒábz ス**ティ**ーヴ **ヂャ**ブズ]
名 スティーブ・ジョブズ［男性名］

dot(s) [dát **ダ**ット]
名 点

high school [hái skù:l **ハ**イ スクーる]
高校

attend(ed) [əténd ア**テ**ンド]
動 …に通う，…に出席する

college [kálidʒ **カ**れッヂ]
名 (単科)大学

graduate(d) [grǽdʒuèit グ**ラぁ**ヂュエイト]
動 卒業する

have no idea
見当もつかない

drop [dráp ドゥ**ラ**ップ]
動 落ちる

教科書p.110 ～ p.113

▶ The **graduation** ceremony was held in the school gym.
卒業式は学校の体育館で行われました。

▶ After **graduation** from university, he studied abroad.
大学卒業後，彼は留学をしました。

□□□ connect　　動　つながる
[kənékt　コ**ネ**クト]

▶ I put a red **dot** on the map.
私は地図に赤い点をつけました。

▶ Cars looked like **dots** when they are seen from the airplane.
飛行機から見ると車は点のように見えました。

▶ She **attended** a dinner party last night.
彼女は昨晩ディナーパーティーに出席しました。

▶ He **attends** language school every Sunday.
彼は毎週日曜日に語学学校に通っています。

▶ He went to **college** and studied very hard.
彼は大学へ行き，とても熱心に勉強しました。

▶ My mother went to **college** to study art.
母は芸術を学ぶために大学へ行きました。

▶ After he **graduated**, he became a teacher at an elementary school.
卒業後，彼は小学校の先生になりました。

▶ He became a lawyer after he **graduated** from university.
彼は大学を卒業したあと弁護士になりました。

▶ I **had no idea** why she got angry at that time.
あのときはなぜ彼女が怒ったのか見当もつきませんでした。

▶ I **have no idea** who I should ask about the problem.
その問題についてだれにたずねるべきか見当もつきません。

▶ The glass **dropped** from his hand.
グラスが彼の手から落ちました。

▶ The smartphone **dropped** to the ground.
スマートフォンが地面に落ちました。

drop out			中退する
scary	[skéəri　ス**ケ**アリ]	形	恐ろしい，こわい
artistic	[ɑːrtístik　アー**ティ**スティック]	形	芸術的な，美しい
calligraphy	[kəlígrəfi　カ**り**グラふぃ]	名	書道
into	[íntuː　**イ**ントゥー；(弱く言うとき) intu　イントゥ]	前	**【運動・方向】** …の中へ[に]
Mac	[mǽk　**マぁ**ック]	名	マック[コンピュータの名前]
interest	[íntərəst　**イ**ンタレスト]	名	興味
Apple	[ǽpl　**あ**プる]	名	アップル[会社名]
trust	[trʌ́st　トゥ**ラ**スト]	動	…を信頼する，…だと期待する
somehow	[sʌ́mhàu　**サ**ムハウ]	副	何らかの形で

▶ I studied hard because I didn't want to **drop out**.
私は中退したくなかったので一生懸命勉強しました。

▶ The teacher often told me not to **drop out**.
先生は私に何度も中退しないように言ってくれました。

▶ My decision was **scary** at the time.
私の決心は，そのときは恐ろしかった。

▶ Singapore Flyer is **scary**, but fun.
シンガポールフライヤーはこわいけど楽しいです。

▶ We watched the **artistic** performance at the theater.
私たちは劇場で美しい演技を見ました。

▶ I like the **artistic** design of the museum.
私はその美術館の芸術的なデザインが好きです。

▷ I decided to learn **calligraphy**.
私は書道を学ぶ決心をしました。

▶ **Calligraphy** is the heart of Japan.
書道は日本の心です。

▶ The boy put his hand **into** his pocket to look for coins.
少年はコインを探すためにポケットの中に手を入れました。

▶ He and I walked **into** the room and had lunch together.
彼と私は部屋の中に入って一緒に昼食を食べました。

▶ He lost **interest** in the study of history.
彼は歴史の研究に興味を失いました。

▶ My father has a strong **interest** in cooking.
父は料理に強い興味があります。

▶ I **trust** you as a friend.
私は友人としてあなたを信頼しています。

▶ You can **trust** us to do the work.
私たちを信頼してその仕事をまかせてください。

▶ We want to protect the world forest **somehow**.
私たちは何らかの形で世界の森を守りたいです。

▶ I must finish the work **somehow**.
私は何とかしてその仕事を終えなければなりません。

difference 名 ちがい
[dífərəns **ディ**ふァレンス]

make all the difference 大きなちがいを生む

loss 名 失うこと，喪失
[lɔ́ːs **ろ**ース]

lucky 形 幸運な
[lʌ́ki **ら**キ]

Woz 名 ウォズ[男性名]
[wáz **ワ**ズ]

garage 名 ガレージ，車庫
[gərɑ́ːʒ ガ**ラ**ージ]

grew 動 [growの過去形]
[grúː グ**ル**ー]

employee(s) 名 従業員
[implɔ́iiː インプ**ろ**イイー，emplɔ̀iíː エンプろイ**イ**ー]

successful 形 成功した
[səksésfl サク**セ**スふる]

fire 動 …を首にする，解雇する
[fáiə*r* **ふァ**イア]

▶ There is a big **difference** between the two countries.
その２つの国には大きなちがいがあります。

▶ The two students have a **difference** of opinion about the plan.
２人の生徒はその計画について意見がちがいます。

▶ This little book **made all the difference** in my life.
この小さな本が私の人生を大きく変えました。

▶ One small effort each day **makes all the difference** in your life.
日々の小さな努力が人生に大きなちがいをもたらします。

▶ I'm so sad to hear about the **loss** of your son.
息子さんを失ったと聞き，とても悲しいです。

▶ Minato felt sad about the **loss** of his job.
ミナトは職を失ったことで悲しい思いをしました。

▶ I was **lucky** because I had a lot of work.
私は仕事がたくさんあったので幸運でした。

▶ What a **lucky** boy you are!
あなたはなんて幸運な少年なのでしょう。

▶ Our **garage** is large enough for two cars.
私たちのガレージは車が２台入るほど十分に広いです。

▶ I'm not good at putting my car in the **garage**.
私は車を車庫に入れるのが得意ではありません。

▶ As he **grew** bigger, he improved his skill in sports.
大きくなるにつれて，彼はスポーツの技能を向上させました。

▶ In 10 years, the company **grew** into a big company.
10年で，その会社は大企業になりました。

▶ How many new **employees** joined the company this year?
今年新しい従業員は何人会社に加わりましたか。

▶ His company has more than 1,000 **employees**.
彼の会社には千人をこえる従業員がいます。

▶ The party was very **successful**.
パーティーは大成功でした。

▶ It was the most **successful** movie of all time.
それは史上最も成功した映画でした。

▶ I wonder why he was **fired** from the company.
なぜ彼は会社から解雇されたのでしょうか。

▶ I **fired** him from the job a week ago.
私は１週間前に彼を解雇しました。

□□□ focus [fóukəs **ふォ**ウカス] 名 中心

□□□ gone [gɔ́ːn **ゴ**ーン] 形 なくなった，行ってしまった

□□□ run away 逃げる

□□□ **get** [gét **ゲ**ット] 動 [get + 過去分詞で]…される

□□□ get fired 解雇される

□□□ **though** [ðóu **ぞ**ウ] 接 …だけれども

□□□ burden [bə́ːrdn **バ**〜ドゥン] 名 負担，重荷

□□□ beginner [bigínər ビ**ギ**ナ] 名 初心者

□□□ creative [kriéitiv クリ**エ**イティヴ] 形 創造力のある

□□□ Pixar [píksaːr **ピ**クサー] 名 ピクサー[会社名]

▶ My main **focus** as a baseball player is on my game.
私の野球選手としての１番の中心は試合にあります。

▶ Winning the game is the **focus** of my effort.
その試合に勝つことが私の努力の中心です。

▶ Everything was **gone**.
全てがなくなってしまいました。

▶ He realized his shoes were **gone**.
彼は自分のくつがなくなったことに気づきました。

▶ Sometimes you may want to **run away** from troubles.
ときには困難から逃げたいこともあるでしょう。

▶ He's **running away** from his problems.
彼は自分の問題から逃げています。

▶ Please **get** checked by your doctor.
担当の医者にみてもらってください。

▶ My right foot **got** hurt in an accident yesterday.
昨日の事故で右足をけがしました。

▶ I **got fired** from my own company.
私は自分の会社を解雇されました。

▶ If I **get fired**, I will find another job. Don't worry, mom.
もし解雇されたら別の仕事を見つけるよ。お母さん，心配しないで。

▶ **Though** I was tired, I decided to go out and meet my friends.
疲れていたけれども，私は出かけて友達に会おうと決心しました。

▶ I was late for school **though** I got up early.
早く起きたのに，私は学校に遅刻しました。

▶ You don't have to carry your **burdens** alone.
あなたは１人で重荷を背負う必要はありません。

▶ Let's share a **burden** and make this plan successful.
負担を分かち合い，この計画を成功させましょう。

▶ I joined the **beginner's** class of English.
私は英語の初心者クラスに参加しました。

▶ He is a **beginner**, but he skies very well.
彼は初心者ですが，スキーがとてもじょうずです。

▶ I want to work together with **creative** people worldwide.
世界中の創造力のある人たちと一緒に仕事がしたいです。

▶ Our class has many **creative** students.
私たちのクラスには創造力のある生徒が多くいます。

□□□ **animation** [ænəméiʃn　あニ**メ**イシャン]
㊔　アニメーション

□□□ studio(s) ［stjú:diòu　**ステュ**ーディオウ］	名　スタジオ，映画撮影所
□□□ **found** ［fáund　**ふァ**ウンド］	動　［findの過去分詞］
□□□ go on	（時間が）過ぎ去る，たつ
□□□ it'll ［ítl　**イ**トゥる］	= it will
□□□ mirror ［mírər　**ミ**ラ］	名　鏡
□□□ cancer ［kǽnsər　**キぁ**ンサ］	名　（病気の）がん
□□□ **one** ［wʌ́n　**ワ**ン］	代　（一般に）人，だれでも
□□□ limited ［límitid　**り**ミティッド］	形　限られた
□□□ **else** ［éls　**エ**るス］	副　（その）ほかに［の］
□□□ **someone** ［sʌ́mwʌ̀n　**サ**ムワン］	代　だれか，ある人

▶ He built an art **studio** in London.
彼はロンドンにアートスタジオを建てました。

▶ A few actors went into a TV **studio** late at night.
数人の俳優が夜遅くにテレビスタジオに入りました。

▶ The stolen bike was **found** near the station.
盗まれた自転車が駅の近くで見つかりました。

▶ Have you **found** the job you want to try?
あなたは挑戦してみたい仕事を見つけましたか。

▶ As time **goes on**, you will know who loves you the most.
時がたつにつれて，あなたはだれがあなたを一番愛しているのかわかるでしょう。

▶ You will know who is your true friend, as the years **go on**.
年をへるにつれて，あなたは自分の本当の友達がだれであるかがわかるでしょう。

▶ **It'll** be difficult to go back if you start the plan.
その計画を始めたら後戻りするのは難しいでしょう。

▶ **It'll** be great if he wins a tennis match.
彼がテニスの試合に勝てばそれは最高でしょう。

▶ I have a big **mirror** in my room.
私の部屋には大きな鏡があります。

▶ She looked carefully at herself in a **mirror**.
彼女は鏡に映った自分自身を注意深く見ました。

▶ He told his wife and children that he had **cancer**.
彼は妻と子供に自分ががんであることを伝えました。

▶ He died after a long fight against **cancer**.
彼はがんとの長いたたかいのあとに死にました。

▶ No **one** could answer the question she asked.
彼女がたずねた質問にだれも答えられませんでした。

▶ Each **one** of us supports you.
私たち１人ひとりがあなたを応援しています。

▶ We must not waste our **limited** time.
私たちは限られた時間をむだにしてはいけません。

▶ The menu in the restaurant is **limited**.
そのレストランのメニューは限られています。

▶ What **else** do you like?
あなたはほかに何が好きですか。

▶ Tell me if there is anything **else** I can do for you.
私にほかに何かできることがあれば言ってください。

▶ I didn't know there was **someone** else in the classroom.
教室にだれかほかの人がいるとは知りませんでした。

▶ If you have a question, you can ask **someone**.
もし質問があれば，だれかに聞くことができます。

inner [ínər **イ**ナ]
形 内部の，内側の

magazine [mǽɡəzìːn **マぁ**ガズィーン，mæ̀ɡəzíːn マぁガ**ズィー**ン]
名 雑誌

foolish [fúːliʃ **ふ**ーりッシ]
形 愚かな

same [séim **セ**イム]
代 同じもの[こと]

wish [wíʃ **ウィ**ッシ]
動 …を望む

▶ You may follow your **inner** voice.
あなたは自分の内なる声にしたがってよろしい。

▶ I have a smartphone in an **inner** pocket.
内ポケットにスマートフォンを入れています。

▶ I have been reading this science **magazine** for five years.
私はこの科学雑誌を５年間読んでいます。

▶ You can read any **magazine** you like while you are waiting.
待っている間，お好きな雑誌を読んでいいですよ。

▶ She made a **foolish** decision.
彼女は愚かな決断をしました。

▶ It sounds like a **foolish** idea to me.
それは私には馬鹿げた考えのように聞こえます。

▶ I'll have the **same**.
同じものをもらいます。

▶ Do the **same** for your parents, your friends.
あなたの両親，あなたの友人にも同じことをしてあげなさい。

▶ I can't **wish** for anything more.
私はこれ以上は望めません。

▶ I **wish** on a star.
私は星に願いをかけます。

豆マメ知識　MLBの球団を知ってるかい?

日本人選手の活躍で，アメリカのメジャーリーグもすっかりおなじみになったね。ところでmajor league[**メ**イヂャ **り**ーグ]のmajorって何だか知ってる？　寸法を計る「メジャー」(これは英語で書くとmeasure[**メ**ジャ])とはちがうんだよ。野球のmajorは「大きいほうの」という意味。Major League Baseballは，すなわち「大リーグ野球」だ。

メジャーリーグはアメリカでいちばん上のランクの球団の連盟だ。これにはナショナルリーグとアメリカンリーグの2つのリーグがあり，カナダに本拠地を置く1チームを含む全部で30の球団から成っているんだ。

それぞれのチームがリーグごとに東地区，中地区，西地区に属していて地区優勝を争う。そのあとディビジョンシリーズ，リーグチャンピオンシップシリーズがあり，最後にナショナルリーグとアメリカンリーグの優勝チームが対戦するワールドシリーズがある。このワールドシリーズは7戦制で4勝したチームがチャンピオンになるんだ。メジャーリーグの下にあるたくさんのリーグをminor league[**マ**イナ **り**ーグ]と言うよ。

さて，メジャーリーグの球団名をいくつ知ってる？　イチローで有名なSeattle Mariners[スィー**あ**トゥる **マぁ**リナズ]はアメリカ北西部の都市シアトルを本拠地にするチームだ。marinerは「水夫，船員」という意味。地図を見てごらん。シアトルは太平洋の深い湾に面しているよ。じゃ，New York YankeesのYankeeって？　これはニューヨークのあるアメリカ北東部の住民をさすニックネームだ。

ほかには？ New York Metsのmets[メッツ]は「都会っ子」を意味するmetropolitans[メトゥロパりトゥンズ]の略だよ。Houston Astros[ヒューストゥン あストゥロウズ]のastrosも地元に米国航空宇宙局(NASA[ナぁサ])の宇宙センターがあることから，宇宙飛行士を意味するastronauts[あストゥロノーツ]を縮めた形からきているんだ。

Chicago White Sox[シカーゴウ (ホ)ワイト サックス]のwhite soxはwhite socks(白いソックス)のつづりをかえたもの。メジャーリーグのチーム名を見たら，その英語の意味も調べてみるとおもしろいよ。